Carnets de Voyages

De l'inspiration à la pratique

Cécile FILLIETTE

Dessain et Tolra

Un grand merci à France Dumas, Laurent Gontier, Pascal Grellety-Bosviel, Christelle Guénot, Muriel Lameignère, Geneviève Marot, Marcus Mc Allister, Bernadette Mindor, Simon, et à tous ces artistes du passé qui nous ont ouvert le chemin.
Merci aussi à tous ceux qui m'ont soutenue et encouragée, et particulièrement à Valérie Gendreau.
Merci enfin à mes stagiaires et à mes élèves dont les questions, la créativité et l'enthousiasme ont nourri mon goût de transmettre.

Cécile Filliette anime des ateliers « Carnets de voyages » à Paris, en province et à l'étranger :
Atelier Métaforme
11 rue des Haies
75020 Paris

Dépôt légal : juin 2005
ISBN : 2-295-00002-5

Direction éditoriale : Meriem Varone
Coordination éditoriale : Valérie Gendreau
Préparation des textes : Catherine Maillet
Relecture : Sergine Greley et Sylvie Porté
Conception de la maquette : Étienne Hénocq et Frédéric Agid
Mise en pages : Étienne Hénocq et Frédéric Agid
Photographies : Francis Waldman et Olivier Ploton pour les reproductions de carnets
Iconographie : Agnès Calvo
Couverture : Étienne Hénocq, Frédéric Agid et Véronique Laporte
Fabrication : Anne Raynaud
Photogravure : Arts Graphiques du Centre

SOMMAIRE

PRÉFACE

Faire un carnet de voyage, c'est se poser dans le présent, pleinement, intimement, respirer le temps qui passe, goûter au contretemps ou encore rester immobile devant ce qui bouge et l'arrêter du bout du crayon ou du pinceau. C'est poser du fini sur l'infini, de l'ampleur sur le minuscule, du sacré sur le profane, et même de l'amour sur l'indifférence. Ce regard de lumière porté sur toute chose prend corps entre les pages du carnet.

Longtemps, la pratique du carnet de voyage a surtout été un outil de recherche et de réflexion d'artistes professionnels (peintres, graphistes...). Aujourd'hui, dans une société où le voyage et le loisir créatif ont trouvé une place privilégiée, elle s'ouvre à tous, artistes et amateurs, comme une autre manière de voyager, de laisser une trace tangible de cette expérience : plaisir de créer plutôt que de « consommer » la découverte d'un pays, apprentissage d'un autre regard, plus fin, plus subtil, pour comprendre le pays de l'intérieur, notamment par la rencontre plus authentique, plus intime de ses habitants.

L'idée de cet ouvrage est d'ouvrir cette pratique à tous, au-delà du savoir-faire, en recherchant plus le plaisir que la prouesse artistique, de l'élargir au jeu du collecteur de trésors, au-delà d'une réalisation esthétique et de la maîtrise des techniques, de retrouver l'enfant spontané en nous, avec son regard neuf et émerveillé ; de nourrir les chemins de la mémoire ; de donner du sens à l'expérience ; d'y transmettre un message, une émotion...

HIER, AUJOURD'HUI

Indéfinissable, fluide et multiforme, le carnet de voyage tel qu'on le connaît aujourd'hui n'a pas encore d'histoire, on pourrait même dire qu'il représente un courant artistique nouveau : de l'œuvre unique, presque livre-objet, à l'adaptation éditée. Cependant, à tous les moments de son histoire, l'être humain a éprouvé le besoin de partager ses trouvailles, de déposer une trace de ses voyages pour y être suivi et faire rêver. Déjà, le *Livre des morts* égyptien mêle dessins et hiéroglyphes pour raconter le dernier voyage… présumé.

Vue de la Nouvelle Cythère,
aquarelle anonyme, 1768, d'après
le dessin fait sur place par A. Riauffe,
volontaire dans l'expédition de Bougainville (1729-1811), Bibliothèque nationale de France, Paris.

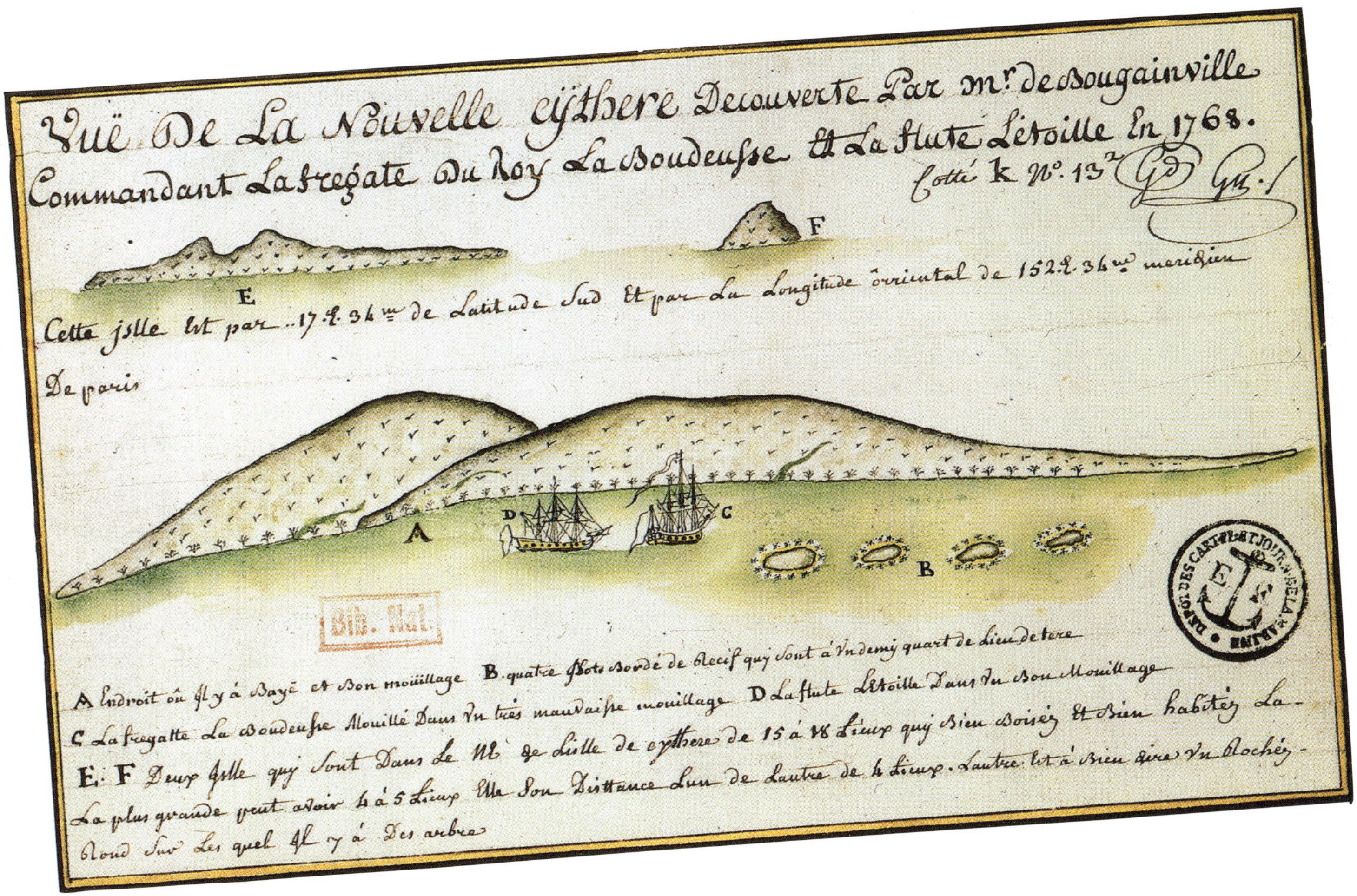

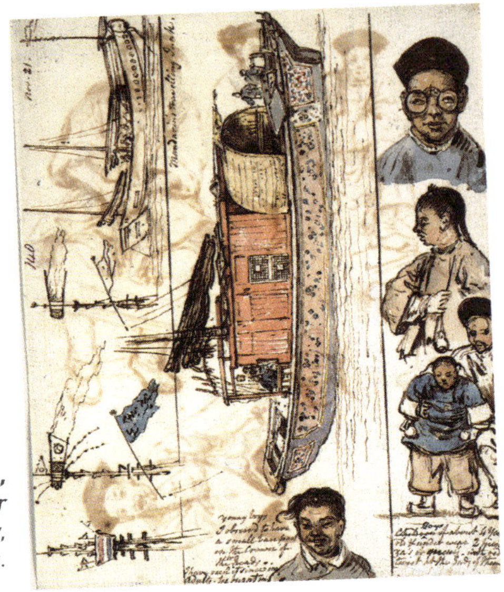

Jonque d'un mandarin, ***v. 1793, William Alexander (1765-1816),*** *British Library, Londres.*

L'aventure des découvertes

C'est surtout la naissance du papier qui a permis aux artistes et voyageurs de croquer leurs impressions : Rembrandt et Dürer au nord, les Vénitiens au sud. Léonard de Vinci, durant ses nombreux périples en Europe, prenait déjà des notes, accompagnées de croquis pleins de vitalité et de tendresse. Les expéditions guerrières et colonisatrices des XVIIe et XVIIIe siècles partaient toujours avec à leur bord des artistes ethnologues, au regard curieux et naïf. Les expéditions scientifiques et les missions archéologiques ont trouvé en Napoléon un grand mécène. Et bien des modes de l'époque ont trouvé inspiration dans les témoignages des artistes-voyageurs.

Album d'Afrique du Nord et d'Espagne, ***1832, Eugène Delacroix (1798-1863),*** *musée du Louvre, Paris.*
En 1832, Delacroix accompagne l'expédition envoyée au Maroc pour signer un traité de paix avec le Sultan. Il rapportera de ce voyage des carnets chargés d'émotion.

Voilier « O Rehoua », ***album*** **Ancien Culte Mahorie,** ***Paul Gauguin (1848-1903),*** *musée du Louvre, Paris.*

Carnet des Goncourt : voyage en Italie, ***Jules Huot de Goncourt (1830-1870),***
musée du Louvre, Paris.
De novembre 1855 à mai 1856, les frères Goncourt parcourent l'Italie et remplissent à quatre mains un carnet qu'ils ont acheté sur place…

Nuit du 28 au 29 mai, orage, pluie, tonnerre, larges éclairs sur le lion de Waterloo, 1861, Victor Hugo (1802-1885), *Bibliothèque nationale de France, Paris.*
Grand voyageur, Victor Hugo consigne ses impressions dans de petits carnets, mêlant intimement l'écriture et le dessin.

Artistes en plein air

La mode orientaliste et voyageuse qui a suivi a sorti l'art et les artistes de leurs ateliers ; ils ont troqué leurs sages études d'après modèle contre des pages de carnets où se mélangent et se superposent, en un fouillis généreux, esquisses de paysages, portraits inachevés, croquis d'objets avec annotations et textes jetés au fil de la plume. Delacroix restera le grand maître de cette belle spontanéité ; ce sera pour le prolixe Victor Hugo un outil de revendication parmi d'autres ; pour Turner, son cri de lumière…
Géricault, Jean Huot de Goncourt et bien d'autres encore ont voyagé plus sagement. Les correspondances de l'époque ressemblaient quelquefois à de belles pages de carnets. Pour bien des artistes, la tradition du voyage a été à l'origine d'une nouvelle expression : Gauguin a trouvé dans ses pages de carnets la facture nette et la couleur de ses tableaux de Tahitie ; Klee et Macke ont voyagé ensemble sur la terre tunisienne, y ressentant l'émotion qui a poussé leurs œuvres de l'expressionnisme à l'abstraction. Matisse a trouvé la couleur au Maroc.

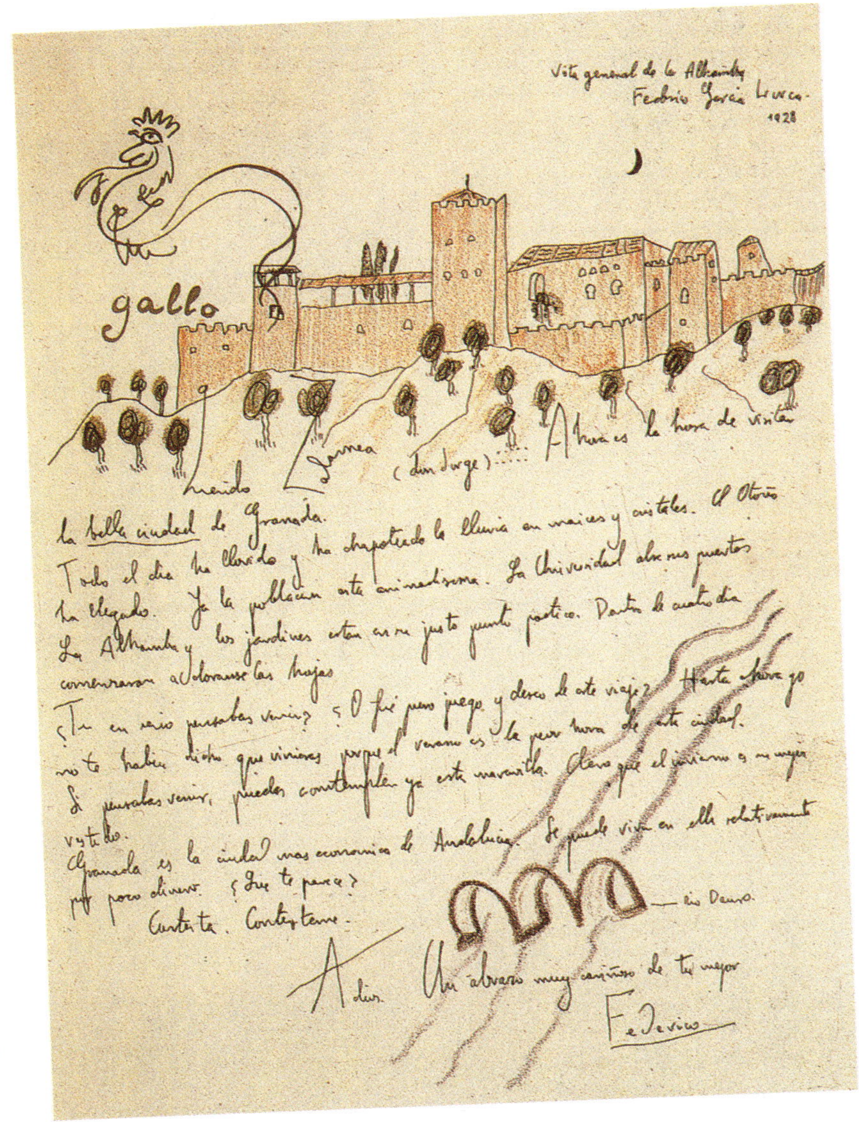

Lettre de Federico Garcìa Lorca à son ami Jorge Zalamea, ***1928.***
Frontière difficile entre les lettres décorées (ici avec une vue générale de l'Alhambra) et les pages des carnets de voyage…

***Titouan Lamazou, extrait de* Carnet de voyage,**
Éditions Gallimard, 1998.

Et aujourd'hui

Bien d'autres artistes et chercheurs inconnus ont traversé leur vie un carnet à la main ou dans la poche, mais le carnet de voyage n'a conquis ses lettres de noblesse que très récemment, grâce à l'édition de beaux livres, quelquefois en fac-similé, et à des articles illustrés façon carnets. C'est ainsi que Titouan Lamazou a montré ses travaux dans le magazine de bord d'Air France. Avec Yvon Le Corre, lui aussi Breton, marin et voyageur, il a ouvert cette nouvelle tendance dans les années 1980-1990, donnant la parole, la plume et le pinceau à des artistes, illustrateurs, graphistes et amateurs, coureurs du monde émerveillés.

Entre terre et ciel, les passages-ombres, *n°30, Marcus Mc Allister,* *(3 septembre 2001-12 janvier 2002).*
Rêveur de mondes intérieurs, Marcus Mc Allister, un carnet accroché au poignet où qu'il aille..., croque la vie des petits jours depuis seize ans et 42 carnets.

Carnet dans les Cyclades, Laurent Gontier.
Laurent Gontier glane ou crée de vieux papiers et outils pour réaliser de superbes carnets à l'ancienne.

Carnet de voyage en Chine, ***Simon (né en 1961), Éd. de la Boussole, 2004.***
Simon, aussi riche écrivain que peintre du voyage et poète engagé, écrit dans une très belle apologie du carnet de voyage : « Le carnet de voyage est un livre d'or chaussé de semelles boueuses. »

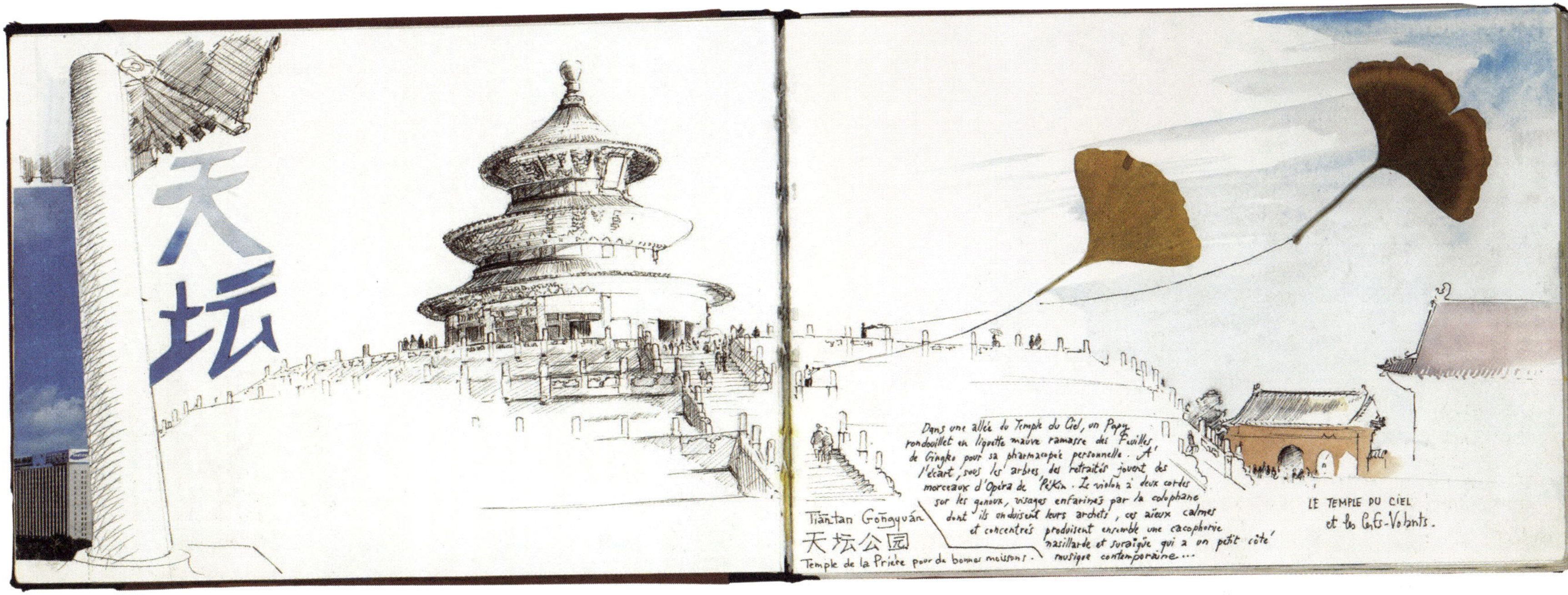

Ces artistes complets se découvrent plus nombreux à chaque manifestation du genre. Leur esprit s'affirme en témoignages multiples : carnets de prison et d'hôpital de la journaliste Noëlle Herrenschmidt, carnets de mission humanitaire de Pascal Grellety-Bosviel, médecin battant le record avec ses 70 carnets en trente-cinq ans !, ou de missions ethnographique avec les *Carnets de Sibérie* de Benjamin Flao.
Les carnets commencent à témoigner de l'actualité des conflits, comme *Irak année zéro* de Bertrand de Miollis, de phénomènes de société comme les SDF, avec *J'habite dehors* de l'illustratrice Eslie. Cette manière de dire et de montrer les choses a pris tellement d'ampleur que la publicité a trouvé bon d'en jouer à l'occasion.
Pour que le carnet reste le dépositaire de nos émotions, le témoignage ému de nos voyages planétaires et intérieurs, je vous invite à entrer dans cette grande famille. Bon voyage !

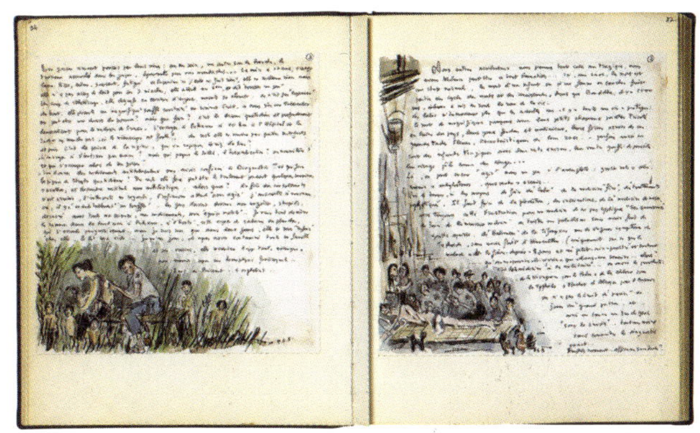

Laos, ***1973-1974, Pascal Grellety-Bosviel.***
Quand un médecin humanitaire témoigne, stylo et pinceau à la main, de la difficile situation du Laos.

encrier qui
s'accroche au bord
du carnet
avec une pince
plume de bambou
plume pour
calligraphie
Sergent major
la bonne vieille
un bon pinceau d'aquarelle
crayon graphite
crayon
HB
brosses douces...
et/ou dures...
celle-ci et d'autres
cutter
colle
universelle
paire de ciseaux pliants...
INDONESIA
1000
Belimbing manis

CHOISIR
SON
MATÉRIEL

Choisir son matériel

Le but est ici de donner matière à votre imaginaire : vous suggérer des outils, vous conseiller sur leur usage, vous mettre en garde sur leurs limites et leurs incompatibilités, en vanter les qualités et les richesses. Le reste vous appartient. Mais n'oubliez pas que choisir, c'est aussi renoncer : vous ne pourrez pas tout emporter. Vos recherches, vos rencontres avec les papiers, les outils, les matériaux constituent un voyage avant le voyage... dans le tourbillon foisonnant de la créativité.

Les carnets et autres supports

Acheter son carnet

Le plus simple est d'acheter son carnet avant de partir. Mais vous serez contraint par un format et un type de papier (qualité et couleur). Les magasins spécialisés offrent une grande variété de carnets reliés et à spirales. Le carnet relié est moins maniable mais offre de belles doubles pages continues et garde la noblesse d'un vrai livre. Pour éviter des déceptions, veillez à la qualité de la reliure et du papier.

Trois formats standards sont disponibles :

- Le format à la française privilégie la verticalité. Quand on travaille sur la double-page, on obtient presque un carré. On s'y sent à l'aise pour des compositions citadines, des portraits, des scènes d'intérieur, des croquis de musée.
- Le format à l'italienne, avec son ouverture horizontale, invite au paysage, au panorama sur la double page.
- Le format carré, plus rare, est parfois difficile à occuper.

Pages verticales ou horizontales

Ces deux pages sont issues du même carnet, à l'italienne. En fonction du sens dans lequel on le tient, on obtient un format tout en hauteur ou tout en largeur.

Choisissez la taille de votre carnet en fonction de vos goûts et de vos habitudes. Le plus petit format (10 x 15 cm) tient dans la poche. Très discret, parfait pour des croquis rapides, des portraits « volés », il peut compléter un grand format.
Le plus grand format (32 x 38 cm) permet de respirer, de composer « grand », mais il faudra plus de temps pour animer une page et plus de réflexion pour la composer, à moins que vous ne travailliez très grand. C'est un format encombrant, mais l'expérience est intéressante. Entre les deux, vous trouverez du raisonnable (formats A5-A4-A3).
Vous pouvez aussi attendre d'être dans le pays pour acheter votre carnet. Mais c'est un parti pris osé car vous aurez peut-être du mal à expliquer ce que vous cherchez... Partez plutôt avec du bon matériel, quitte à le compléter ensuite au hasard de vos trouvailles.

Fabriquer soi-même son carnet

Créative et ludique, cette option laisse une plus grande liberté. Si vous emportez des feuilles volantes, pensez à laisser une marge à gauche pour la reliure. Vous pourrez faire relier votre carnet dans le pays à la fin du voyage ou à votre retour, en éliminant si besoin les pages ratées... La couverture sera un peu plus large pour ensuite relier le tout.
Plusieurs techniques sont possibles : couverture fixée avec des rivets ou des spirales en plastique ; reliure cousue ; feuilles assemblées à la tibétaine ou à l'indienne, entre deux planches de bois ; façon porte-folio, dans un carton à dessin décoré ou dans une boîte : les feuilles seront au format de la boîte ou de tailles variées, comme des trésors à piocher dans leur écrin.

Récupération

Vous pouvez transformer en carnet de voyage un vieux livre avec une belle couverture cartonnée : vous dessinerez directement sur les pages imprimées (la gouache recouvrira une partie du texte). Un cahier d'écriture personnelle ou même un passeport périmé, par exemple, se prêtent aussi fort bien à ce jeu. Vous pouvez aussi coller du papier vierge sur certaines pages.

Le carnet-boîte au trésor

Rassemblez vos feuilles dans une boîte et ajoutez toutes sortes d'objets glanés pendant votre voyage (coquillages, cailloux, étiquettes...) : le carnet devient un puzzle où sont associés pages et objets.

Attention : si vous optez pour des feuilles volantes, vous risquez de perdre toute cette chronologie de l'histoire, qui fait entrer le lecteur progressivement dans le voyage, lui restitue la fraîcheur de vos découvertes. Au minimum, numérotez-les !

Réaliser la couverture

C'est la porte qui ouvre au voyage ! Protégez-la durant le voyage et décorez-la au retour. Sur une couverture souple, optez pour une décoration assez légère : cuir, tissu, broderie, peinture, collage... Sur une couverture rigide ou une boîte, vous pourrez oser les épaisseurs, le volume : par exemple travailler une base de bois à la manière d'un laqueur, aménager une fenêtre ouverte sur la première page...
La touche finale est le système de fermeture : le simple fait de dénouer le carnet initiera votre lecteur au monde de votre voyage. Rubans, cordelettes de laine, de cuir l'aideront à prendre conscience qu'il détient là un véritable trésor. Boutons de nacre, coquillages, cailloux, pièces de monnaie, etc. peuvent être collés ou cousus en guise de fermoir.

Jeux de coupes et d'accordéon
En haut : *j'ai déchiré la page à gauche, je l'ai découpée à droite, renouvelant ainsi la circulation entre les différentes pages.*
En bas : *j'ai agrandi une page de ce carnet par un accordéon afin de retrouver l'infini de l'eau.*

Les papiers

Selon sa nature, le papier répond différemment au crayon, au pinceau ou à la plume. Il représente donc une forte contrainte. Mais vous pouvez toujours ajouter une nouvelle page d'un autre papier ou transformer certaines pages : découpez-les, déchirez-les, changez leur couleur et leur texture. Vous pouvez par exemple jaunir le papier avec du thé, du café, du brou de noix, un fond d'aquarelle ou de gouache...

Les papiers classiques

Le papier d'aquarelle semi-satiné est très agréable pour des lavis, des dessins aquarellés et des travaux délicats ; le papier torchon permet de jouer avec la matière. Les papiers de couleur, le papier recyclé et le kraft conviennent pour les pastels gras et secs, la gouache et l'encre. Les calques et les transparents blancs ou de couleur protègent les œuvres au pastel et offrent un espace d'écriture en transparence.

EXTENSION

Rajouter une page en bas de mon carnet me permet de donner plus de caractère à ma composition : à l'aquarelle du paysage vient répondre le linge qui sèche sur la terrasse, support de mon commentaire.

Les papiers atypiques

Si vous avez le goût du jeu, pourquoi ne pas tester des papiers exotiques : de riz, népalais... Plutôt pour dessiner et écrire car, d'usage délicat, ils gondolent sous la couleur mouillée et sont quelquefois très transparents (on peut alors jouer du recto verso !). Le papyrus, très solide et très beau, sera, lui, plutôt imperméable.

Les papiers de récupération

Il s'agit de vieux papiers, imprimés ou non, jaunis, des papiers d'emballage (vieilles enveloppes de kraft...), des papiers mâchés fait main, des papiers marbrés ou fripés...

PAPIER D'EMBALLAGE

J'ai collé sur une feuille de couleur un bout de sac de ciment qui traînait sur le trottoir : j'ai conservé la grosse inscription et l'ai transformée en carriole...

PAPIER JOURNAL

Geneviève Marot a travaillé au Cambodge sur des papiers qu'elle a glanés au cours de son voyage. On distingue encore ici les papiers journaux qui constituent la base de sa composition.

Les outils indispensables

Chacun déterminera les outils qui lui sont nécessaires. Au minimum, prévoyez une boîte d'aquarelle, divers crayons, quelques pastels, de la colle et une gomme, une plume et de l'encre...

La besace du carnettiste

Votre matériel doit être accessible rapidement : rangez-le dans un sac à dos ou à bandoulière ou dans une veste de « reporter » avec plein de poches.

Les outils

Ils sont nombreux : voici quelques propositions pour vous aider à choisir et à renoncer à tout ce qui alourdirait inutilement votre voyage...

Esquisser, tracer

- Les crayons à papier : utilisez plutôt un HB ou des B qui coulent sur le papier (jusqu'au 6B et au crayon graphite). Il existe aussi maintenant des crayons solubles dans l'eau, permettant d'alléger le tracé ou de faire un lavis. Le crayon de charpentier à tête plate et rectangulaire permet de moduler l'épaisseur du tracé à la manière d'un pinceau de calligraphie chinoise.
- Le stylo à bille, lui, permet un tracé vif et sans remords. En cas de perte, c'est le seul outil que l'on trouve dans tous les pays du monde, mais il peut baver par temps chaud.
- Les plumes et les encres plairont aux puristes et aux nostalgiques : le porte-plume, pour un tracé de pleins et déliés, les plumes de calligraphie et bien sûr le stylo plume, les plumes d'oie ou de roseau et le calame (bambou taillé). Les aventuriers essaieront des matériaux faits maison : bâton d'encens, branche taillée...
- Les marqueurs, d'usage plus simple et moins encombrants, ont des pointes d'épaisseurs variables (fines à très larges). Sous forme de feutres-pinceaux, ils sont parfois aquarellables.
- Quelques pinceaux (un fin et un gros), une ou deux brosses d'aquarelle en poils synthétiques (une fine et une grosse) et une brosse dure, en poils de porc par exemple, pour des effets de matière et les corrections, peuvent vous suffire.

Colorer, estomper

- Les pastels secs sont des bâtons de pigment avec très peu de colle. Certains sont gainés de bois et très commodes pour voyager.
- Les pastels gras (à l'huile) sont des bâtons de pigment avec un liant à la cire. Plus forts en couleur, ils ont le mauvais goût de fondre en pays chaud...
- Les crayons de couleur : certains, solubles, remplacent l'aquarelle dans des conditions inconfortables.
- L'encre de Chine, le brou de noix et les encres de couleur sont faciles à utiliser dans des encriers hermétiques à pincer sur le carnet de voyage. Les pinceaux à réserve d'eau peuvent aussi être remplis d'encre.
- L'aquarelle, à base de pigments, de gomme arabique et de miel, est plus pratique en godets qu'en tubes. Douze ou vingt-quatre godets suffisent.
- Pour la gouache en tubes (mélange de pigments et de colle à l'eau), les trois couleurs primaires, le noir et le blanc suffisent.

Le petit matériel de base

- **Des pinces pour tenir feuilles et carnets ;**
- **une éponge pour effacer et créer des effets de matière ;**
- **des ciseaux et un cutter ;**
- **un pot pour l'eau ;**
- **une gomme et un taille-crayon ;**
- **des cotons-tiges pour boire le surplus d'eau ou enlever la couleur ;**
- **un chiffon ;**
- **un bloc de brouillon pour la palette de couleur, les essais des matériaux et les relevés d'empreintes ;**
- **de la colle en tube et du ruban adhésif ;**
- **de la gomme à masquer (gutta) ou un morceau de bougie pour réaliser des réserves ;**
- **un cache en carton pour les cadrages (ancienne diapositive ou mètre de menuisier).**

Rangez tous ces outils dans une trousse d'écolier ou de toilette. Vous pouvez aussi utiliser un rouleau en bambou à la chinoise, vendu dans les boutiques de matériel.

S'entraîner avant de partir

Pour débuter, pour aiguiser le regard et la curiosité, pourquoi ne pas réaliser un carnet de voyage au quotidien ? Commencez chez vous, là où c'est le plus facile, à l'abri des regards critiques. Dessinez, croquez, coloriez tout ce qui bouge, et d'abord tout ce qui ne bouge pas : un coin de cuisine, un porte-manteau chargé de vêtements, le désordre d'un bureau...

Après le foisonnement des objets du quotidien, celui des lieux que vous parcourez, lieu de travail, de loisirs, votre quartier, votre ville ; un thème précis : les vieux métiers, une fête régionale... Et puis les « autres », les proches, les animaux, les inconnus dans le bus.

C'est cela le carnet de voyage : devenir le témoin-reporter de la vie qui défile sous vos yeux. Déjà en voyage par cet autre regard porté sur le monde. Votre émotion et votre sensibilité transforment en événements les situations les plus banales.

Ce premier carnet peut ouvrir un espace poétique et devenir un carnet de vie où vous pourrez aussi bien croquer des amis à un repas de fête, le plateau de fruits de mer, que le paysage plus classique d'un week-end à la campagne.

En jouant à ce jeu-là, vous partirez confiant avec un carnet mûrement préparé, des outils maîtrisés, un coup de crayon fébrile et vif, et un trousseau de matériel bien choisi.

CROQUER LE QUOTIDIEN

Nul besoin d'un sujet extraordinaire : une simple tasse de thé suffit ! J'ai choisi ici de réaliser un carnet dans un vieux roman : la serviette en papier, collée sur le texte, me permet d'installer mon dessin au crayon et à l'aquarelle...

عمال
دكتوراه
ماجستير

le mouvement, c'est la vie...
BRIEFZENTRUM 55
DESSINER
l'être de la verticale...
au mouvement
de la vie
déambulation
danse
course

Dessiner sans remords

J'ai choisi ici de travailler rapidement : j'ai donc pris un stylo, ce qui empêche tout repentir puisque l'usage de la gomme est impossible...

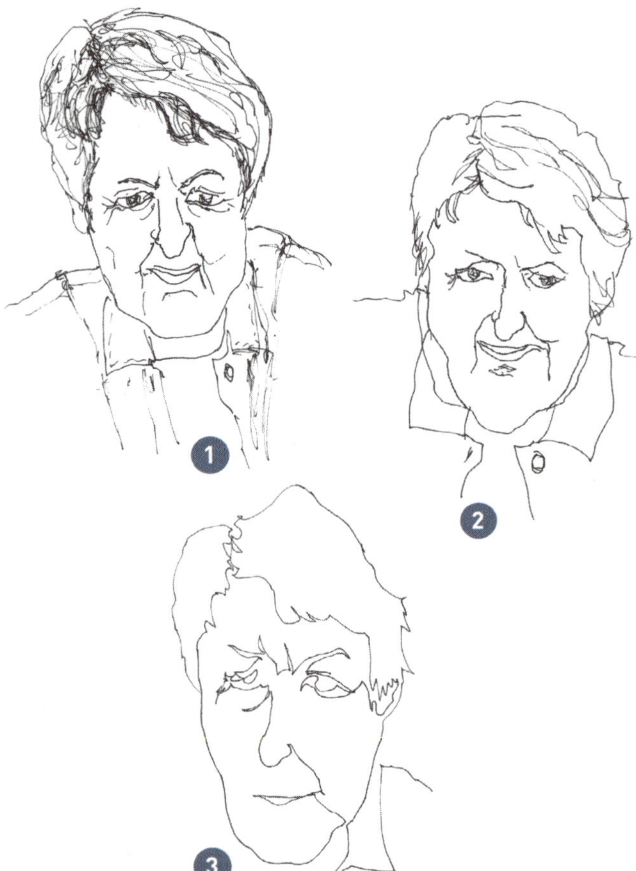

Dessiner

Dessiner, c'est d'abord regarder. À la phrase bien connue : « Ce que je n'ai pas dessiné, je ne l'ai pas vu » (Goethe), j'ajouterai : « Ce que je n'ai pas vu, je ne peux pas le dessiner. » Il s'agit moins de regarder que de voir autrement, dans un état de conscience où l'esprit se contente d'appréhender telle courbe, tel geste, en laissant de côté les : « Je n'y arriverai pas » ou : « C'est raté... » Pour dessiner vrai et vivant, l'esprit, juge et critique de tous nos actes, doit faire silence et laisser s'ouvrir un œil neuf, plus fin, curieux et avide comme celui d'un enfant.

Dessiner autrement

En voyage, il faut souvent être rapide et discret. Voici de quoi libérer votre tracé, le rendre fluide et tonique. Vous lèverez aussi bien des a priori et des blocages... Le visage reste l'une des choses les plus difficiles à représenter. Une fois que vous aurez osé cette aventure, plus rien ne vous fera peur.

S'entraîner avant de partir

Trouvez un partenaire pour une série de portraits rapides ou installez-vous devant un miroir. Si cela semble trop ardu, choisissez un objet de votre environnement (bouquet de fleurs, plante verte, chaise ou nature morte).

Choisissez un stylo à bille ou un marqueur pour ne pas céder à la tentation de gommer. Gommer, c'est douter, piétiner, reculer même. Alors, allons de l'avant...

1. Façon « photomaton », le plus réaliste possible, en dix minutes, de la « main qui écrit ». Vous dessinez en simultané avec votre partenaire et, puisqu'il ne pose pas, il vous faudra le photographier du regard puis reproduire ce que vous aurez mémorisé. C'est ce que fait l'œil du peintre : 50 % du temps pour regarder (voire plus) et le reste pour faire.
2. De l'autre main, en 7 minutes 33 secondes, pas plus ! Durant toute l'expérience, observez vos pensées couler avec la trace de votre crayon (« j'ai raté », « si je pouvais gommer », « je n'y arriverai pas », « c'est nul »...).
3. D'un trait déroulé continu, c'est-à-dire sans lever le crayon, ni vous arrêter en route, ni repasser deux fois sur la même ligne. Pour ne pas être tenté de vous arrêter, vous pouvez décider de ne pas respirer du début à la fin. Allez, tout est permis : osez !
4. Une bonne nouvelle : votre partenaire va poser pour vous ! Une moins bonne : vous aussi, c'est-à-dire que vous vous regardez mutuellement, mais pas votre feuille. Pour ce travail sur la spatialité, à vous de trouver astuces et repères...

5. En aveugle, les yeux fermés. Pour entraîner votre mémoire visuelle.
6. Choisissez votre menu : de la main gauche en trait déroulé continu, par exemple...

Le plaisir du jeu et l'absurdité de la situation permettent de lâcher vos habitudes ou votre goût de la perfection, du « bien-fait », lent, laborieux et souvent lourd et sans tonus.
De temps en temps, essayez ces exercices dans vos carnets. Pensez aux novateurs que furent Picasso, Matisse, Modigliani, Cocteau, Dubuffet, Klee, Chaissac, dont les dessins se sont épurés au fil de leur vie.

4

5

6

Et quand on ne dessine pas ?

Vous pouvez obtenir de très jolis effets sans dessiner. Par exemple, si le soleil est au rendez-vous, pourquoi ne pas relever le contour de l'ombre portée d'une plante ou d'un objet sur votre carnet ? Vous pouvez aussi, comme les enfants, poser un objet sur la page et en tracer le contour : clef de la chambre d'hôtel, bijoux du pays (faute de les acheter)...
Vous pouvez encore jouer avec un napperon de dentelle en papier ou des végétaux et les utiliser comme pochoirs.
Demandez un coup de tampon au réceptionniste de l'hôtel ou au serveur du restaurant (ou même l'oblitération du jour au guichetier de la poste !). Dans le même esprit, si vous prenez le train, compostez votre carnet en même temps que votre billet... Mais vous pouvez aussi vous créer vous-même votre propre tampon ou même détourner un objet du pays et le transformer en tampon. Il suffit que vous puissiez l'enduire d'encre ou de couleur...

Dessiner les ombres
Vous ne savez pas dessiner ? Aucune importance : dessinez les contours de ce bouquet de menthe à partir de son ombre sur votre carnet.

Sur place, s'adapter

Quand vous aurez acquis de l'assurance, vous pourrez vous amuser à composer autrement.

- Commencez votre dessin en partant d'un endroit de la page : de la gauche ou de la droite, d'en haut ou d'en bas, du centre de la page vers la périphérie (d'un objet au centre ou le milieu du paysage), par juxtaposition des éléments, sans chercher la juste composition.
- Dans un lieu animé (marché, rue…) où tout bouge, dessinez au fur et à mesure ce qui arrive dans votre champ de vision en juxtaposant, en superposant, en déroulant la vie devant vous lentement ou rapidement, etc.
- Faites dessiner les enfants qui vous regardent et collez leurs « œuvres » dans le carnet.
- Retournez sur un même lieu à différentes heures de la journée : une place tôt le matin, avec ses premiers remugles, à l'heure du marché foisonnant et agité, dans le silence de la sieste… La perception de l'espace, de la couleur, de la lumière change.
- Jouez avec l'accident et tirez parti de la tache d'encre, de sauce ou de café !

Richesse des noirs

Page extraite de Carnet de zinc *de France Dumas. Cette illustratrice, qui a dessiné une centaine de bistrots parisiens, utilise le rotring, pour sa fluidité et son graphisme : elle obtient ainsi, par des jeux de hachures, des gris et des noirs délicats.*

Dessiner des moments de la journée

Voici un paysage saisi à des moments différents, alors que je me trouvais dans un bus pour une longue traversée. Remarquez comment les teintes évoluent entre les trois esquisses…

Libérer le geste

Testez les différents matériaux sur des supports variés, et choisissez ceux que vous préférez, apprivoisez-les pour qu'ils deviennent le prolongement de votre main, de votre regard. Les possibilités sont infinies, chaque support réagissant différemment à chaque outil ou combinaison d'outils. Il reviendra à chacun d'expérimenter. Plus vous oserez innover, prendre des risques, jouer d'audace, plus vous donnerez de justesse et de puissance à l'artiste que vous êtes déjà !

Voici quelques propositions de recherches à faire avant de partir, pour bien connaître les possibilités de vos pinceaux et assouplir votre geste. À vous d'allonger la liste ! Car vous pouvez aussi éclabousser, projeter la couleur sur papier sec ou mouillé, faire couler…

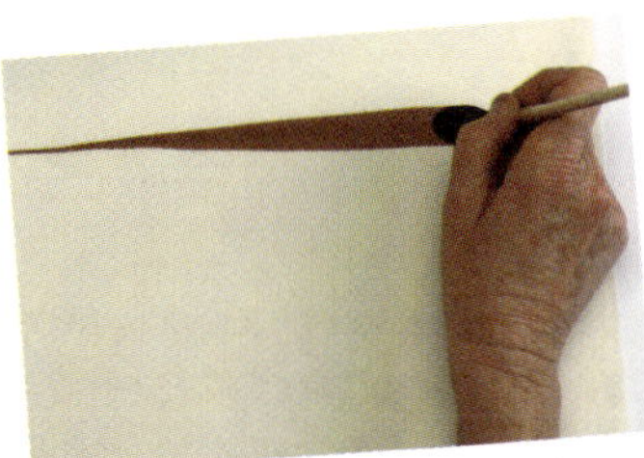

Tracez une ligne droite de plus en plus épaisse.

Tracez des lignes courbes de la plus fine à la plus épaisse.

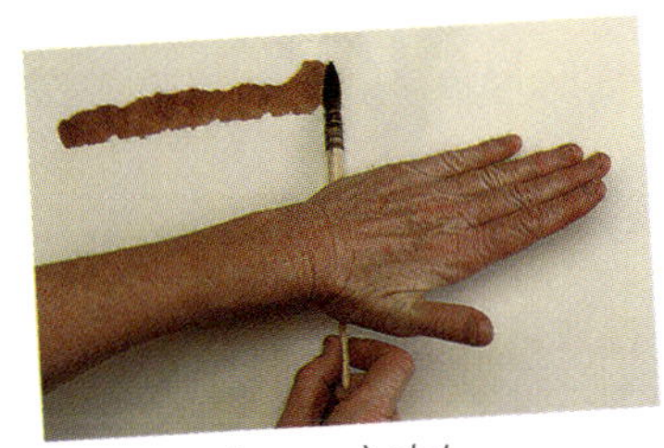

Posez le pinceau à plat sur la feuille et déplacez-le dans un mouvement rotatif, pour obtenir un graphisme intéressant (vague, montagne, matière…).

Posez le pinceau à plat pour réaliser des graphismes (feuilles, pétales…).

Avec le pinceau très peu chargé de peinture, faites des traces sèches (herbe…).

Faites des pleins et des déliés.

Tapotez avec la pointe de la brosse (arbres, murs, rochers, etc.).

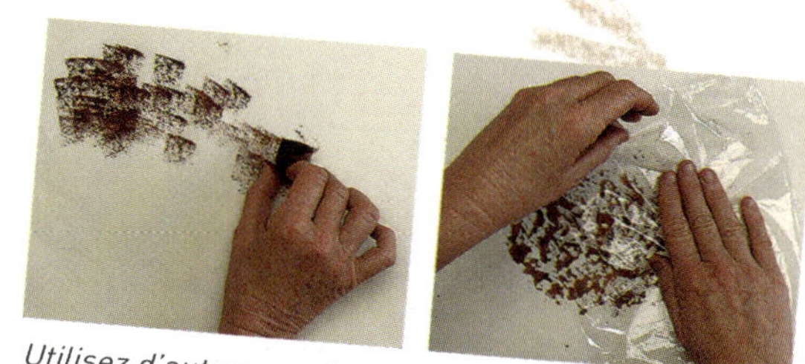

Utilisez d'autres matériaux pour des effets de matière : tapotez avec une petite éponge, chiffon, papier absorbant… ; posez un papier Cellophane sur la couleur mouillée.

Arrêter le mouvement…

Voici un exemple qui associe l'humain et l'animal. J'ai profité d'un instant d'immobilité, au moment où l'âne attendait patiemment que le marchand ait fini de négocier avec ses deux clientes, copte et musulmane.

Représenter l'humain et l'animal

J'ai remarqué tout au long de mes stages que mes élèves faisaient souvent l'impasse sur l'humain dans leurs carnets. Quel dommage ! C'est cette présence qui insuffle vitalité, sens et ambiance à tout le reste, et donne l'échelle… Le manque de confiance en soi devant la complexité de la tâche – surtout quand « ça » bouge – y est certainement pour beaucoup. Parfois aussi, dans certaines cultures, la croyance que l'on « vole » un peu de l'âme de la personne en s'appropriant son image risque de vous inhiber.

Dessiner en confiance

Je me souviendrai toujours de ce marché au Pérou : une vieille femme, déléguée par toutes les marchandes, m'a barbouillé le visage de cirage noir pour se venger de mes premières esquisses…

Comment dessiner des personnes

Pour éviter de heurter les sensibilités, vous pouvez vous contenter de suggérer les personnages lointains ou mouvants : ainsi, si l'on vient vous demander des comptes, vous pourrez toujours dire : « Mais non, c'est quelqu'un qui vient de passer… »
Pour les personnes proches, il vaut toujours mieux jouer franc jeu et leur demander tout simplement la permission. On peut montrer le carnet, cela dédramatise : après tout, ce n'est pas une photo… Il faudra être patient car votre interlocuteur veut souvent voir tout le carnet, le montrer à d'autres…
Parfois aussi, votre « modèle » veut se faire payer. À vous de jouer, de marchander même dans de nombreux pays, on aime beaucoup cela. Plutôt que de donner de l'argent, proposez de faire un deuxième portrait que vous offrirez, ou une photocopie si le lieu s'y prête. Quand vous vous êtes mis d'accord, n'hésitez pas à demander un minimum de confort : pas trop de chahut autour, un temps de pose d'au moins cinq à dix minutes sans bouger. Si vous sentez que le refus sera certain (on flaire ces choses-là) mais que vous êtes vraiment « mordu », jouez rusé et faites-vous le plus discret possible. Commencez à dessiner et, si la personne vous regarde d'un air soupçonneux – les gens perçoivent le poids de votre regard sur eux –, faites semblant de dessiner autre chose, dans une autre direction, jusqu'à ce que la méfiance se relâche ; continuez ensuite à regarder ailleurs tout en jetant de temps en temps un coup d'œil furtif vers votre modèle pour le « photographier » du regard.

Au-delà de la réalisation du portrait, une complicité neuve peut vous offrir de beaux instants de rire, de complicité, d'amitié même. Vous pourrez aussi bien vous voir offrir une boisson qu'un repas ou l'hospitalité. Je ne compte plus les cadeaux de tels moments dans ma longue vie de griffonneuse.

QUELQUES MINUTES POUR MES PORTRAITS

Croquant mes voisins de table à la terrasse d'un café, je me suis retrouvée à faire le portrait de la moitié des hommes du village. Pour gagner en rapidité, mon bic ne quitte pas le papier, il se déroule au continu sur mon carnet. Quelques touches d'aquarelle viendront juste rehausser ma page.

UN PORTRAIT EN PIED

Cette élégante berbère a accepté de poser quelques minutes pour moi, le temps d'un croquis. J'ai ensuite tranquillement terminé la page et ajouté quelques annotations sur les détails de son costume.

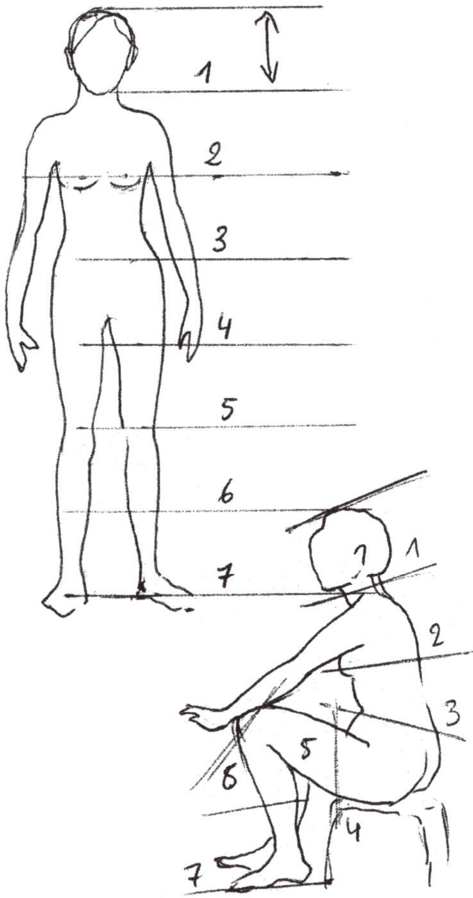

LES PROPORTIONS DU CORPS HUMAIN

*Voici, schématiquement,
les proportions du corps humain.
Le corps d'un adulte
contient ainsi sept fois la tête.*

Le dessin du corps humain

Pour vous permettre de goûter à ces moments d'émotion intense, porteurs de souvenirs forts, voici quelques bases théoriques sur le dessin du corps humain.

Le corps d'un adulte de corpulence moyenne est d'une hauteur égale à six fois la hauteur de sa tête. Les bras le long du corps arrivent à mi-cuisse. Vous pouvez vous amuser à le vérifier avec quelqu'un de votre entourage.

Ces mêmes proportions s'appliquent à une personne assise, penchée, accroupie..., mais on la représente comme pliée. C'est simple quand la personne est de profil, mais vue de face, la longueur des cuisses semble diminuer considérablement. Cachées par les genoux, elles se représentent plus courtes – cela s'appelle un « raccourci ». Il suffit de le savoir et d'être vigilant.

Pour imprimer au corps un mouvement, il faudra observer le déplacement de la colonne vertébrale et des membres. Pendant la marche, la colonne vertébrale reste plus ou moins verticale alors que pendant la course, elle se penche vers l'avant.

Une fois de plus, ne vous encombrez pas trop avec ces détails techniques, faites plutôt confiance à votre intuition. Le drapé des vêtements, le mouvement des cheveux vous aideront à donner volume et mouvement au corps, à rendre cette expression de vie, de déplacement. J'aime bien utiliser le trait déroulé continu quand les personnes bougent, je bouge avec le même rythme... et je pense moins.

UN PORTRAIT PLUS ABOUTI

Dans un joli café parisien des années 1930, je remarque un serveur, rétro comme le cadre. Il accepte de poser quinze minutes : je pose la couleur à grandes lampées de mon pinceau bien chargé, surtout pour l'amour de son tablier, qui décidément me plaît !

Debout, de face, de profil
Marocains ou Crétois, assis ou debout, de face ou de profil, la difficulté est surtout de traduire la vie qui les anime : essayez de rendre vos impressions, le mouvement du corps.

Dessiner en organisant sa page
Étude de tête, *eau-forte de Dominique Vivant Denon (1747-1825), collection particulière, Paris.*
Accompagnant le général Bonaparte pendant son voyage dans la Haute et la Basse Égypte, cet artiste associe ici, en une jolie composition, quatre portraits différents : admirez comme les visages se mêlent, les regards se croisent...

Le toucan
Chaque animal ayant ses spécificités, entraînez-vous sur des animaux à peu près immobiles, peut-être à la faveur d'une promenade au zoo.

Le dessin du visage

Si vous posez le pouce entre les deux yeux, et l'index en haut du crâne puis, sans déplacer le pouce ni changer l'écartement des doigts, si vous reportez ce geste vers le bas du visage, index entre les yeux et pouce en bas du menton, vous verrez que la distance est la même. Comme les enfants, nous avons souvent tendance à « scalper » le haut du crâne ; alors, n'oubliez pas d'ajouter les cheveux, le chapeau... C'est cette même distance qui donne la largeur du visage à hauteur des yeux. Vous pouvez aussi prendre ces mesures avec votre crayon !
Pour le reste, entre la caricature, le dessin humoristique et le portrait en clair-obscur classique, avec autant de matériaux que votre sac en contient, vous progresserez selon votre élan personnel et la patience de votre modèle. De toute façon, essayez de vous entraîner avec des proches avant de partir...

Carnet de voyage...

Au Maroc

Les personnages de la place

Je suis d'abord attirée par le chant d'un musicien gnaoua en tenue traditionnelle. Sa noblesse me donne envie de le croquer et je sors un stylo à bille. Je serai ainsi obligée de travailler rapidement et sans remords, n'ayant pas la tentation de gommer. Je l'installe instinctivement sur la droite pour garder une ouverture et compléter la page plus tard, au gré de mes trouvailles, ou pour écrire, selon l'inspiration.

Un peu plus loin s'est installé un charmeur de serpents. À cette heure matinale, il y a encore peu de badauds et j'ose m'installer devant lui. Je choisis encore un outil « sans remords » : le feutre pinceau, rapide et sensible, pour le drapé de la djellaba ; la teinte sépia en évoquera la couleur avec douceur. Les « admirateurs » se font présents, je poserai la couleur plus tard.

Je repère un peu plus loin une conversation autour d'un thé. Ce croquis lointain apportera profondeur, perspective et animation au précédent. Je décide d'en rester là, et de ne pas ajouter de texte, ce qui risquerait d'alourdir cette série de petits portraits très vivants : le blanc est comme un silence qui vient réunir ces quelques silhouettes, un repos au milieu de ce fourmillement, de cette animation...

1 et 2. Le choix des modèles
3. Le dessin au stylo
4. Le dessin au feutre pinceau

Aujourd'hui, je me lance à la découverte de la médina.
Il est tôt, il fait encore frais, la ville s'ébroue…
Je ne reconnais pas la place Djema-el-Fna, si pleine de vie hier soir avec tous ses petits restaurants nocturnes, ses magiciens et ses jongleurs entourés de dizaines de badauds. Et pourtant, en traversant la place, je m'aperçois qu'il y a déjà un peu d'animation.

1

L'Écrivain public

Les personnages typés ne manquent vraiment pas : pendant que je dessinais, un écrivain public s'est installé sur une peau de mouton et mon « public » a maintenant compris ce qui m'intéresse… Me voici assise d'office sur le tabouret du « client », peau de mouton et carton en guise de coussin, pas désagréable… L'homme utilise pour écrire des outils traditionnels : calame de bambou, et brou de noix – les noyers poussent dans l'Atlas.
Cela me donne envie de faire comme lui : j'extirpe de ma trousse le bon vieux bout de bois taillé par mes soins qui me sert de calame et mon petit encrier de brou de noix.

Il s'ensuit un échange amusant : j'utilise son encre, lui, ma plume, et finalement je lui demande de tracer quelques lignes sur mon carnet. Il écrit, me dit-on, des versets du Coran pour protéger du mauvais œil et guérir. Voici mon carnet à l'abri d'un mauvais destin !
Du coup, j'éprouve le besoin d'écrire quelques lignes en vis-à-vis des versets, sorte d'évocation de ce dialogue qui, pour quelques instants, m'a rapprochée de ce placide personnage…

3

2

1. La mise en route
2. Le travail au calame
3. Une page d'écriture : des versets du Coran

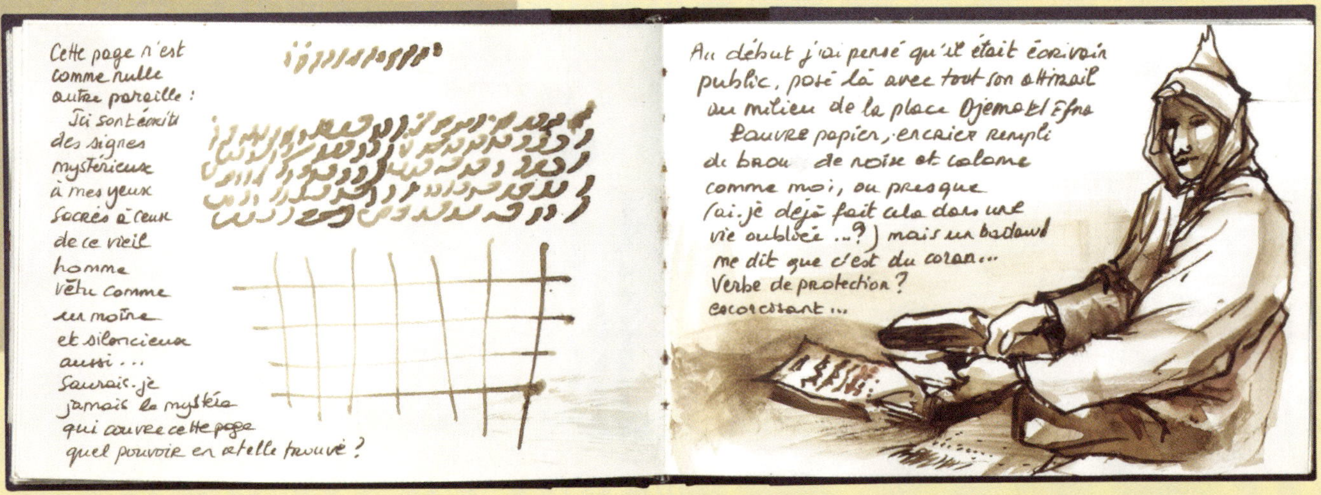

CARNET DE VOYAGE...

AUX FRANGES DU DÉSERT

L'HOMME BLEU

Je choisis de m'en tenir au buste et commence par un croquis rapide et tonique au crayon, m'attachant surtout au visage. Le peu que j'en vois m'oblige à une grande vigilance, notamment concernant les proportions des parties cachées sous les drapés du turban.
Une petite astuce facile à retenir et à mettre en œuvre : la distance entre le menton et les yeux est égale à la largeur du visage au niveau des yeux, elle-même égale à la distance qui sépare les yeux et le haut du crâne – ou ici du turban.

Ce qui me frappe, c'est son regard, qui soudain prend gravité et profondeur. La couleur chaude de la peau du visage lui donne toute sa puissance. Je commence par des jus bruns en laissant plus claires les parties proéminentes du nez et des joues.
Je continue à foncer cette peau africaine par superposition de jus colorés qui donneront du volume à ce visage pourtant bien masqué. Un peu plus d'ombre autour des yeux, sous le nez, le front... et mon nomade gagne en présence. Pour montrer toute l'élégance et l'épaisseur du turban, je pose la couleur en strates successives ; avec le soleil qui sèche l'aquarelle très rapidement, je peux recouvrir chaque couche sans attendre et, bien sûr, je choisis le bleu indigo, la couleur des Touaregs et ce qui fait de ce personnage un homme bleu.
Je laisse le buste inachevé pour donner plus de force au portrait.

1

2

1. et 2 . La rencontre de l'homme bleu
3. La mise en place au crayon
4. Les premiers jus
5. Le jeu des bleus

Sur un marché africain, je m'arrête devant un vendeur de gris-gris et autres fétiches plus ou moins inspirants : toutes sortes de racines, œufs d'autruche, peaux de serpents, crapauds desséchés... bref, la panoplie d'un sorcier. J'aime ses gestes lents, son port noble et son regard espiègle. Enturbanné du bleu indigo des hommes du désert, il ne me montre guère son visage. En le croquant, je vais percer peut-être ce mystère... Il est d'accord, mais ne posera pas longtemps, me dit-il.

3

4

5

Quelques touches de crayon enfin autour des yeux pour dégager le regard de braise, et le portrait est terminé. Je réalise qu'il est plus dur, plus acéré que le modèle : emportée par la fascination que le personnage exerçait sur moi, je ne me suis pas contentée de reproduire ce que je voyais ; profitant de la liberté dont bénéficie le peintre par rapport au photographe, j'ai chargé son portrait d'une émotion supplémentaire.

Le soir, loin de l'animation trépidante du marché, j'annote tranquillement ma page : mon texte tourne autour de mon portrait, jouant le rôle d'un cadre qui viendrait enserrer – et rehausser – le sombre mystère de cet homme du désert.

Carnet de voyage... dans un souk

Le ballet des passants

Les passants sont nombreux ; mais cette foule mouvante, fait toute la vitalité d'un souk, je ne peux l'escamoter. Pour capter à la fois les tapis et les personnages qui passent, je choisis d'utiliser la totalité de mon format verticalement. Ce choix n'est guère confortable, mais coup de cœur oblige...

En commençant par le haut, j'esquisse ma composition dans sa globalité : des tapis bigarrés qui pendent des humbles façades, je descends progressivement vers le sol. Bien sûr, je rencontre sur mon passage des badauds, proches ou lointains, qui cachent certaines boutiques. Alors, plutôt que de les ignorer, je les esquisse en priorité, évitant de dessiner les détails cachés derrière. Je vérifie l'emplacement de leur corps par rapport aux objets qui les entourent (par exemple, la tête de celui-ci est juste au-dessous de tel tapis et ses pieds sont au niveau de la vendeuse au premier plan).

Comme tous ces passants ne s'attardent pas, je m'attache à capter leur silhouette, leur position dans l'espace, leur mouvement, le drapé de leur djellaba, comme si j'étais un appareil photo ; j'essaie de visualiser leur dynamique avant qu'ils ne s'évanouissent, pour la retranscrire telle quelle sur ma page. Ils ont disparu depuis longtemps quand je les esquisse sur ma feuille...

1. Le choix du cadrage
2. Le jeu des verticales
3. L'esquisse au crayon
4. Les premières teintes
5. La finition du ciel
6. Jeu de brosse
7. Jeu de crayon

Me voici prête à m'immerger dans le mystère bigarré de cette ville bourdonnante et colorée. Comme la lumière est encore douce et dorée, plutôt que de m'enfoncer dans la pénombre des souks, je vais m'imprégner de l'ambiance d'une petite place de marché ouverte au soleil et à la déambulation nonchalante. Je tombe en arrêt – le coup de foudre du carnettiste, émotion inexprimable – devant la boutique d'un marchand de tapis, véritable palette de couleurs chaudes qui habille la maison du toit au sol... !

Passant à la couleur, je commence par le ciel et, pendant qu'il sèche tranquillement, je descends sur ces tapis dont les couleurs me fascinent. D'ailleurs, je m'autorise à les exagérer, pour les besoins de l'émotion. Je n'hésite pas à saturer les pigments, façon gouache, pour donner de la force et de la solidité aux couleurs. Le ciel sèche trop vite au soleil et se strie de vilaines traînées ; j'ose l'harmoniser, le velouter, en y passant un chiffon humide, essuyant ainsi le trop-plein de couleur et les auréoles. L'horizontalité et la géométrie des motifs des tapis m'amènent à utiliser une brosse douce qui me donne des angles parfaits et des lignes bien droites. Pour mettre en lumière les personnages, je les cerne d'ombre.

3

4

5

6

7

QUELQUES DÉTAILS

Je fais une pause de façon à regarder ma réalisation avec un œil neuf : je prends conscience que le sol paraît très absent ; j'ajoute les ombres approximatives des personnages, très courtes à l'heure de midi.

C'est alors qu'un marchand de couleurs, malin et mercantile, m'apporte sur une cuillère une poudre étrange, faite de paillettes sombres et incolores. En la mouillant un peu, elle devient (magie !) turquoise, d'une couleur aussi vive que l'encre. J'ajoute ainsi à mes tapis une belle touche de lumière.

8

9

8. Le recul
9. Les derniers détails
10. La poudre magique
11. Le turquoise...

10

11

bonnets de laine tricotés mains
Les tapis du marché aux épices ...

فى المولد النبوى الشريف

CONSTRUIRE LA PAGE

Construire la page

Un viseur peut vous aider à cadrer dans un paysage.

Il y a quelque chose de magique à animer le silence de la page vierge, à donner vie au néant. Mais cette magie fascine et fait peur en même temps, et on a vite fait de se laisser piéger par le doute : « Par quoi commencer ? », « Dans quel sens prendre mon carnet ? », « Dans quelle direction poser cette ligne ? », « Comment placer ce personnage ? », « Est-ce que je m'arrête là ? »... Si toutefois vous prenez le temps de regarder autrement, de vous imprégner, votre coup de cœur et votre intuition sauront vous guider mieux que votre esprit.

La composition

Au début, devant votre page vierge, vous ne savez pas par où commencer, vous hésitez à vous lancer... Voici un petit rituel qui peut vous aider à débuter dans la réalisation.

Bien s'installer

Avant de commencer, prenez le temps de vous installer. Choisissez le meilleur angle, la perspective la plus inspirante (ou la plus accessible !), et évitez tout ce qui pourrait vous gêner : le soleil dans l'œil, les klaxons des mobylettes qui vous frôlent, une foule trop dense...
Et n'oubliez pas que l'artiste n'a pas tous les droits, il doit toujours se demander s'il est en « stationnement autorisé », surtout en ville : devant une porte, au milieu de la circulation des piétons, sur un lieu privé ou de culte...
Éventuellement, demandez avec le sourire la permission de poser votre tabouret, de croquer tel endroit ou telle personne – attention aux femmes, dans beaucoup de cultures, il est très délicat de les dessiner. Choisissez aussi une tenue vestimentaire aux « normes » du pays : évitez par exemple de porter un short en pays musulman très islamisant. Il ne s'agit pas de se déguiser avec le costume local, ce qui pourrait déplaire ou choquer, mais de respecter les coutumes du pays. La lecture d'un guide de voyage avant de partir vous renseignera amplement.
Assurez-vous que vous ne serez pas dérangé. Il n'est rien de plus déstabilisant que de devoir reprendre un dessin en ayant perdu ses repères de base.

La posture

Si vous travaillez debout, une petite planche-pupitre vous permet de poser ou de pincer outils et supports. Si vous préférez travailler assis, achetez un tabouret pliant (on ne peut pas toujours s'installer à même le sol !). Entre confort, encombrement et poids, établissez vos priorités. On trouve toutes sortes de modèles dans les magasins de sport et les grandes surfaces. Ne le prenez pas trop haut, car vous serez vite plié en deux, les jambes trop verticales pour tenir le carnet et beaucoup trop loin de votre pot d'eau ! L'idéal est de pouvoir atteindre aisément votre matériel posé au sol.

Choisir quoi dessiner

Parfois, il n'est pas simple de se limiter dans l'espace, par exemple devant un paysage étendu ou une scène de rue animée. Utilisez alors un viseur : vous pouvez en fabriquer un avec une vieille diapositive ou dans du carton. Cela permet de jouer sur des tailles et des formats différents, même atypiques. Je vous conseille, une fois l'image choisie et mémorisée, de laisser le viseur de côté pour commencer à travailler, car il finirait par vous empêcher de voir ; faites-vous confiance. Vous pouvez aussi réaliser quelques esquisses de la vue convoitée, en hauteur, en largeur...

Dans un rond

Permettez-vous toutes les fantaisies : il y a mille et une façons d'occuper l'espace de la page. Voici une composition toute en rondeur, à l'image de la sereine plénitude de cette porte chinoise.

Une composition dynamique

Invitée à déjeuner dans une brasserie renommée, je tombe immédiatement sous le charme. Je cadre le beau mouvement de l'escalier et, tout autour, le ballet des serveurs en noir et blanc, le décor, les tablées. Le format en hauteur met en valeur l'élégant escalier de bois vernis.

À L'HORIZONTALE

Pour rendre ce paysage grec tout en courbes horizontales, j'ai choisi de dessiner sur toute la longueur de mon carnet, en laissant une respiration à droite.

Utiliser le carnet au mieux de son format

Réfléchissez à la façon d'utiliser votre carnet au mieux de sa taille et selon votre manière d'appréhender l'espace. Une double page en largeur convient à un panorama, et une extension en accordéon permet de rendre un effet d'infini... Une double page en hauteur donne une impression d'étroitesse, comme dans la ruelle d'un souk ; elle est aussi adaptée à un grand portrait, au dessin d'une plante. Le format à l'italienne donne un côté dramatique à ces effets.

Il est possible aussi, surtout dans le format à la française, de délimiter des espaces de dimensions variables pour représenter des lieux et des objets différents, un peu comme une bande dessinée, parfois avec des personnages qui parlent dans des bulles ; cette approche permet des croquis très rapides, aide à la mise en pages et développe la créativité. Si l'on n'est pas très « écrivain », on se contentera de légendes courtes.

À LA VERTICALE

Cet arbre du voyageur se développe naturellement dans ce format tout en hauteur et tant pis s'il déborde de la page. N'hésitez jamais à prendre votre carnet dans un sens ou dans l'autre en fonction de ce que vous voulez traduire...

CLOISONNER LA PAGE

J'ai choisi ici de garder mon carnet à l'horizontale. Mais, pour traduire l'étroitesse des ruelles du souk de Marrakech, j'ai segmenté ma page en autant de petits tableaux verticaux.

Équilibrer la page

Je ne vous parlerai pas du nombre d'or, que nous laisserons aux peintres académiques, mais plus simplement de la règle du 1/3, 2/3. L'équilibre, c'est le déséquilibre, quel que soit votre thème, c'est-à-dire, par exemple, pour un paysage : 1/3 de ciel pour 2/3 de terre, ou 2/3 de ciel pour 1/3 de mer, à la verticale ou à l'horizontale.

La perspective

La bête noire du débutant !

La perspective est ce qui permet à l'œil du peintre de réinterpréter ce qu'il voit pour rendre sur sa feuille en deux dimensions l'impression de la réalité. C'est un sujet difficile et il vous faudra sûrement un peu de pratique et de temps pour bien le comprendre... Alors patience ! Observez, vérifiez autant de fois que nécessaire jusqu'au jour où cela se fera tout seul.

Ligne d'horizon et lignes de fuite

Vous avez tous entendu parler de la ligne d'horizon. L'expression crée une confusion inutile ! Il s'agit tout simplement de la vision horizontale, juste au niveau de vos yeux. Faites le test en passant de la position assise à la position debout, d'une position en hauteur à une position au ras du sol... : cette ligne d'horizon est à chaque fois différente.

Prenons l'exemple d'une rue et voyons comment la dessiner en perspective. Les verticales restent parallèles au bord de votre page. La déformation vient de l'horizontale, où les lignes cessent d'être parallèles et deviennent fuyantes... Les lignes situées au-dessus de votre ligne de regard convergent vers le ciel ; les lignes situées en dessous de votre ligne de regard convergent vers le sol.

PERSPECTIVE...

Remarquez les directions convergentes du toit et de cette ruelle au Pérou : c'est cela la perspective...

LIGNE D'HORIZON

Observez comme les maisons semblent diminuer au fur et à mesure qu'elles s'éloignent...

COMPOSER LA PAGE

1/3 de ciel, 2/3 de mer et de plage ... ou le contraire...

CALCULER LES LIGNES DE FUITE

Grâce à ce mètre, j'obtiens facilement les bons angles et les bonnes lignes de fuite...

Pour vérifier cela très rapidement, confectionnez-vous une équerre avec deux bandes de carton et une attache parisienne ou procurez-vous un mètre de menuisier. Posez cet outil sur les lignes problématiques, l'angle de l'équerre vous donnera la juste direction, vous n'aurez plus qu'à la poser sur votre dessin.
Une solution plus spartiate mais plus rapide consiste à « poser » votre crayon sur la ligne en question et à reporter votre crayon sur la page sans en changer la position.
Pour ne pas être trop dépendant de ces outils et faire confiance à votre regard, je vous conseille de commencer à dessiner et, une fois les lignes posées, d'en vérifier la justesse avant d'aller plus loin.
Pour les objets sans angles comme des arbres alignés le long d'une route, vous imaginerez les lignes de fuite posées sur le faîte et à la base. Faites la même chose pour les personnages.
Vous pouvez faire l'expérience de placer deux personnes dans l'espace, l'une proche de vous, immobile, et l'autre qui s'éloigne : elle rétrécit, évidemment, mais observez surtout à quel niveau sont sa tête et ses pieds par rapport au premier personnage.
L'autre façon d'exprimer la perspective appartient au jeu des couleurs, des valeurs, des contrastes...

Les ombres

L'ombre n'existe que par la lumière : plus la lumière est intense, plus l'ombre est sombre, plus le contraste entre les deux est puissant, et plus les contours sont nets.
C'est la source de lumière qui détermine la dimension et l'orientation des ombres avec toutes ses subtilités entre la lumière naturelle, le soleil, et toutes les gammes de lumières artificielles.

Premiers plans et arrière-plans
Observez comment les silhouettes sont traitées dans la page : les personnages au premier plan sont dessinés plus grands que ceux du second plan.

Point de fuite
Toutes les lignes semblent converger vers la ligne d'horizon, en un « point de fuite », et les personnages se placent dans cette géométrie.

Sous un ciel couvert, les ombres sont diffuses, évanescentes ou inexistantes. Sous le soleil de midi, elles sont très sombres et courtes. D'une saison à l'autre, d'un pays à l'autre, la lumière offre des qualités d'ombres infinies, éphémères et mouvantes. Elles nous racontent la course de la Terre autour du Soleil, très rapide quand on dessine !

Ombre portée au sol

L'objet est immobile, mais son ombre glisse imperceptiblement, il nous faudra donc l'arrêter au vol et l'inscrire dans une perspective décalée, déformée, de l'objet. L'ombre se traite comme le reste, avec les repères au crayon, ses points d'ancrage sur l'objet et ses angles, avec l'équerre éventuellement. Observer avec concentration est toujours une meilleure approche que la théorie.

Ombre sur un objet

L'ombre sur un objet donne une idée de son volume. Quant à sa densité et sa couleur, vous les explorerez avec la couleur qui permet d'exprimer sa profondeur, sa dureté et sa douceur.

Ombres et lumières

Cette porte d'un temple indonésien est éclairée par la droite, les ombres sont donc dessinées sur la gauche. Leurs contours sont imprécis sous un ciel couvert.

Juste une porte... (ancien palais à Denpasar)

CARNET DE VOYAGE… DANS UN PORT

LA CITADELLE

Douceur et rudesse mêlées. C'est ce que je choisis en m'installant devant ce vieux fort un peu austère, qui s'oppose aux arches du pont et aux petites barques colorées. Je me donne l'espace de la double page de mon carnet, en commençant à gauche, façon naturelle, pour nous Occidentaux, de gérer l'espace : écrivant de gauche à droite, nous déroulons avec plus d'aisance cette écriture qu'est le dessin – sauf bien entendu les gauchers et les ambidextres…

Je commence par le haut du fort – le reste du dessin en découlera. Après avoir posé les premières touches, je vérifie ma perspective à l'aide de l'équerre de carton que je me suis fabriquée, en la reportant sur mon esquisse avec le bon angle. Je préfère faire d'abord confiance à mon œil et ce n'est qu'après ma première esquisse que je procède à la vérification « scientifique » des lois de la perspective.

Avec la même prudence, je continue à structurer le pont et les barques. J'avais l'intention d'utiliser toute la double-page pour faire un panorama complet, mais je renonce à ce projet, trop lourd en détails architecturaux. Je préfère ajouter une touche anecdotique avec le dessin des pêcheurs que je mets dans une case, façon BD.

1

2

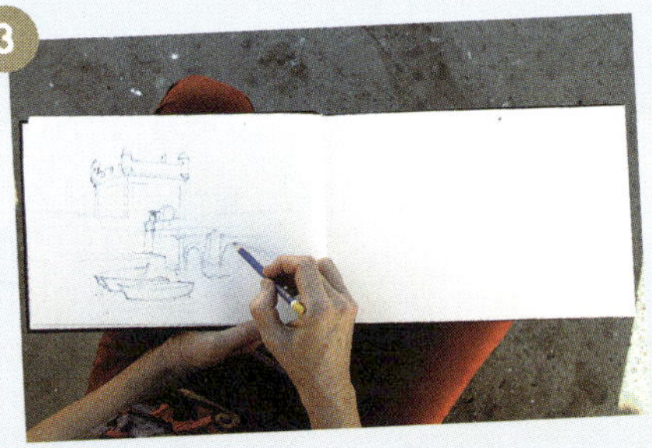
3

4

1. Le choix du site
2. Le travail des angles
3. et 4. L'esquisse au crayon
5. Le dessin des pêcheurs
6. La réparation des filets
7. Les mouettes
8. L'esquisse terminée

Une belle journée estivale sur le littoral... J'aime l'ambiance animée des ports où la magie du reflet joue subtilement sur la couleur. La poésie du lieu se confronte à la réalité des métiers de la pêche. Clapotis de l'eau, cris des mouettes et voix rauques des pêcheurs qui se hèlent du bout de la jetée...

5

6

7

8

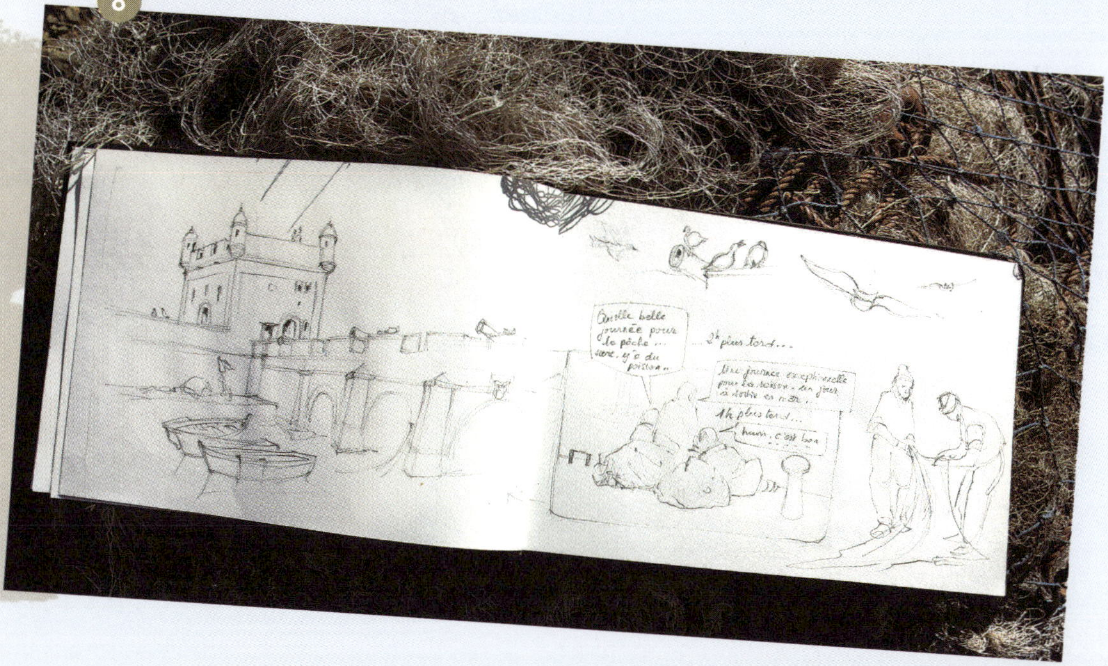

Je n'hésite pas à changer de place pour avoir un meilleur angle et la proximité nécessaire. Je suis vraiment dans l'ambiance, assise sur un tas de filets odorants ! Autre élément de l'atmosphère : les mouettes qui s'agitent et crient inlassablement. Leur omniprésence me donne l'idée d'utiliser leurs silhouettes pour équilibrer ma page, mais pour mieux les voir, je dois m'approcher au plus près du pont dont elles ont fait leur piste d'envol. Un pas de plus, et c'est le bain garanti...

9

10

La mise en place terminée, je pose la couleur en commençant, comme toujours, par le ciel ; il séchera pendant que je continuerai ailleurs. Je passe un jus d'eau sur toute la surface du ciel, en contournant soigneusement le fort, puis, chargeant bien mon pinceau de couleur, je couvre rapidement le bleu, en retournant mon (grand) carnet pour donner de l'aisance à mon geste. Pendant qu'il sèche, je continue avec les barques, l'eau, les reflets, sur le papier encore légèrement humide.

Dans cette ambiance douce et agréable, j'ai presque terminé ma double page. Je garde en mémoire les détails pour achever ce soir.

9. et 10. La mise à la couleur du ciel
11. Les ombres et les reflets
12. Les finitions

11

12

Quelle belle journée pour la pêche... sûre, y'a du poisson...
2h plus tard...
Une journée exceptionnelle pour la saison - un jour à sortir en mer...
1h plus tard...
hum, c'est bon

Carnet de voyage…
Dans un passage parisien

Le passage

Par un jour de pluie triste et froid, je me réfugie dans une de ces somptueuses galeries marchandes du XIXe siècle. L'ambiance y est nonchalante et villageoise.

Ici, tout est vertical, je prends donc ma double page en hauteur afin de cadrer voûte et sol et croquer l'ensemble de la composition. Cherchant le bon geste pour les nombreux graphismes de la verrière, je prends mon carnet de côté, libérant mon mouvement. Dans ce fouillis de lignes et de personnages, je ne suis plus trop sûre de ma perspective. Ce sont les personnages qui vont la confirmer : plus ils sont lointains, plus ils sont petits et haut placés sur le dessin. Le travail de la couleur apportera l'impression de profondeur et les perspectives des boutiques. Je teste la justesse de mes tons sur une feuille à part avant de me lancer.

Comme je travaille sur la double page, la couleur va stagner dans le pli de la reliure. J'utilise un coton-tige pour absorber le trop-plein de liquide qui risque de s'infiltrer sur d'autres pages et provoquer un dégât des eaux à plusieurs étages du carnet !

1

2

3

1. Le choix d'une mise en page verticale
2. La construction au crayon
3. La recherche des teintes justes
4. Les premiers jus
5. Absorption de l'excès de couleur avec un coton-tige
6. Balayage de la couleur avec un mouchoir en papier
7. Le renforcement de quelques détails

Paris est un terrain de jeu inépuisable, aux thématiques infinies. Le patrimoine est si riche qu'on pourrait le croquer inlassablement sans perdre inspiration. Certes, il en est de même dans mille autres endroits mais, à Paris, on peut être timide : les passants sont plus indifférents qu'ailleurs.

4

5

6

7

Pour avoir un sol plus uniforme, je balaie ma couleur avec un mouchoir en papier. J'intensifie ensuite les couleurs un peu partout sur ma page de façon à rendre le relief, la lumière et la profondeur. De temps en temps, je pose mon carnet au sol, prenant ainsi du recul. C'est aussi le bon moment pour se dégourdir... Je reviens au crayon sur les avant-plans, car ma réalisation manque encore de relief. En affirmant les personnages et les ombres, j'obtiens enfin cette atmosphère verticale et profonde.

LES BOUTIQUES ET LES ENSEIGNES

Alors que je continue ma promenade le long des vitrines du passage, je tombe sur une scène d'un autre temps, pleine de charme : dans une mercerie, une jeune fille de profil brode à l'ancienne. On dirait un tableau de Vermeer. Le décalage me saisit et, après avoir croqué la jeune fille, je dessine l'enseigne, tout aussi rétro – elle date sans doute des années 1930. J'esquisse çà et là sur ma page tout ce qui m'amuse dans la vitrine.

Pour finir, je vais demander la carte de la maison, apparemment très connue, et la jeune fille me donne un catalogue des différents canevas à vendre. Je pourrai découper certains motifs pour faire des collages. Elle me donne aussi un morceau de toile à broder – du lin – et un fil de son écheveau : je vais pouvoir broder à mon tour ! mais plus tard... et dans mon carnet !

1. « Le Bonheur des dames »
2. La loge de la concierge

Tout m'amuse, et je décide de croquer, au hasard, les détails les plus authentiques, comme l'entrée de la loge de la concierge, ou au moins ses belles lettres d'or si désuètes et l'inscription « gaz à tous les étages ». Je prends mon carnet dans la longueur et je déroule mes croquis sur la largeur de la page : des enseignes burlesques ou majestueuses, un réverbère, une horloge qui donne la même heure depuis de très nombreuses années… Puis, le soir, au calme, je complète la page avec un collage et quelques lignes d'écriture…

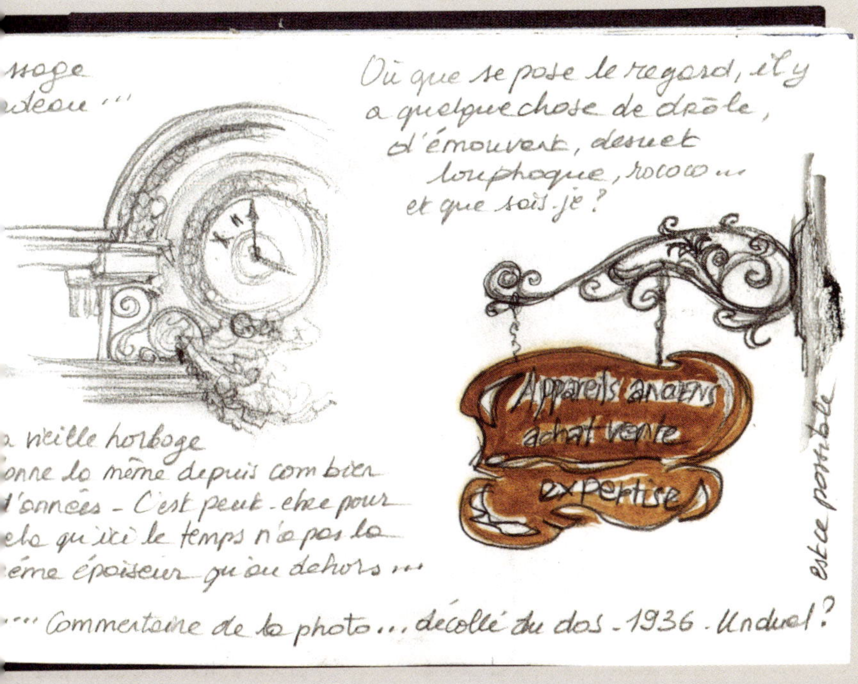

peu chargé d'eau, comme
les motifs de ce tapis
Pour rendre la
finesse de ce Mou-
charabier, on
peut faire les re-
-serves à la gom-
-me gutta
La matière
de ce mur
est réalisée
par un
frottage
de bougie
avec
un
jus
d'aqua-
relle
même
un gros
pinceau
peut donner
un tracé fin
et une cou-
leur chargée
usage d'une
brosse douce

JOUER AVEC
LA COULEUR
ET LA MATIÈRE

Jouer avec la couleur et la matière

Le nuancier des couleurs

Pour faire un nuancier, découpez un morceau de papier aquarelle au format du couvercle de votre boîte. Dessinez chaque couleur à la place qu'elle occupe dans la boîte.

Les mélanges de couleurs

Cette grille de rencontre des couleurs chaudes et froides aide à comprendre les mélanges de couleurs. Vous obtiendrez de nombreux verts plus intéressants que ceux de la palette, des noirs et des gris colorés, des bruns subtils...

Devant la multiplicité des matériaux et des manières de traiter la couleur, la meilleure approche reste l'expérience. À vous de tester ces outils aux possibilités infinies et de conserver ceux dont vous tomberez amoureux. Il vous faut en effet choisir et renoncer à l'inutile, car vous ne pourrez emporter dans votre besace tout ce qui existe. Voici quelques pistes pour entrer dans l'atelier coloré, précaire et nomade, du carnettiste.

Les outils de la couleur

Douceur de l'aquarelle

Les qualités de l'aquarelle sont nombreuses : lumière, fluidité, transparence, profondeur... Mais cette grande dame ne se laisse pas conquérir si facilement. Voici quelques conseils, notamment pour apprivoiser la boîte : si vous achetez une boîte d'aquarelle toute prête, vérifiez que vous avez suffisamment de jaunes et de bleus ; le noir et le blanc ne vous seront guère utiles.

Quelquefois, on trouve un nuancier tout imprimé dans la boîte, mais les couleurs d'imprimerie sont trompeuses, et la couleur des godets secs ne correspond pas non plus à sa teinte sur le papier : réalisez votre propre nuancier, vous mémorisez ainsi mieux les couleurs dont vous disposez. Gardez ce damier près de vous avec le matériel. Ce petit jeu peut paraître fastidieux, mais, comme pour des gammes en musique, il vous livrera les secrets les plus étonnants des mélanges sans avoir à repasser par la théorie des couleurs primaires et secondaires, etc.

Choix des couleurs, choix des ambiances

Le même site dans plusieurs dominantes de couleurs : le rendu est extrêmement différent. Dans un cas, les bleus dominent, dans l'autre les ocres : fragile clarté d'un petit matin ou chaude soirée...

Effets colorés

Voici un même sujet mis en couleurs à l'aquarelle de deux manières différentes : le premier, traité directement à l'aquarelle, est plus doux, plus léger ; le second, aquarellé sur un tracé très libre au crayon, est plus graphique, plus présent aussi, en raison du bleu très dense choisi pour le ciel.

Puissance des encres

À la transparence et à la profondeur de l'aquarelle, l'encre ajoute l'éclat et l'intensité. Sur un dessin au crayon ou à l'encre, vous jouerez de la lumière et du volume avec des jus dégradés, du plus sombre au plus clair : le lavis. Découvrez aussi toutes les richesses du brou de noix et des encres colorées.

Lavis

J'ai commencé par faire le dessin au brou de noix puis j'ai continué à l'aquarelle : brou et aquarelle se sont légèrement fondus, adoucissant ainsi cette architecture en ruine.

GOUACHE OPAQUE
La gouache me permet de cacher le texte de ce programme en couleur. Le noir fait particulièrement bien ressortir les silhouettes de ces Coréennes en tenue traditionnelle.

Opacité de la gouache

Elle n'a pas le panache de ses sœurs de couleur, mais elle a beaucoup à donner. Je lui décernerai le premier prix d'adaptabilité : en vente presque partout dans le monde, cette couleur dite opaque se laisse prendre pour de l'aquarelle si elle est diluée... ; en couche plus couvrante, elle chante aussi bien sur des fonds de papier blanc que sur des papiers de couleur, des papiers collés, etc.

Onctuosité des pastels

De texture veloutée, les pastels secs traduisent une émotion particulière avec des couleurs à l'intensité douce ; ils se travaillent sur papier blanc ou de couleur, ou servent à retoucher et à soutenir une aquarelle. Il y a quelque chose de sensuel à étaler les pigments au doigt. Seul inconvénient, il faudra les fixer, comme le fusain. Mouillé au pinceau, le pastel sec prend une apparence aquarellée.
Les pastels gras ont une texture plus lourde, plus onctueuse (plus grasse) et des couleurs plus vives. On peut les utiliser pour un travail de matière en superposant les couches et en regrattant dans la pâte. Les premières couches réapparaîtront alors avec bonheur. Ils serviront à réaliser des empreintes, des frottages, des matières (murs, sols, rochers, etc.).

Mille autres façons d'apporter de la couleur

- Le support papier est déjà couleur, n'hésitez donc pas à en jouer au moment où vous construisez votre page. Si, pour l'aquarelle, le blanc est celui du papier, pour les pastels, les pigments chantent mieux sur un fond coloré. Sur place, achetez ou récupérez les papiers du pays, collez-les sur votre page et repassez dessus.
- Du café, du thé, de la sauce de soja passés en jus apporteront la couleur locale !
- De la terre, du sable ou des épices collés donneront un peu de pigment et de piment à la page (et son parfum en plus...).
- De l'argile à l'occasion d'une visite chez un potier : vous y tremperez un doigt pour colorer la page ou vous demanderez à l'artisan son empreinte digitale.
- Des teintures chez les teinturiers : amusez-vous à tremper une page du carnet dans un des bains de teinture.

JEUX DES VERTS
Sur ce travail au pastel gras, Bernadette Mindor a volontairement laissé de grandes zones en blanc pour mieux mettre en valeur les verts de la végétation. Les feuilles sont un subtil mélange de vert tendre et de vert émeraude, ponctué de touches ocre, rouges ou violettes. C'est cette association qui donne sa vibration au feuillage.

Multiplicité des verts et des graphismes
Selon les endroits, les verts sont plus ou moins jaunes, plus ou moins froids et bleutés ; certaines teintes sont denses, d'autres légères. Le premier et le dernier plans sont traités tout en légèreté, de façon à porter le regard vers les bosquets du centre.

Le choix des nuanciers

Les gammes des couleurs du pays

Chaque pays possède son ambiance, ses odeurs, ses couleurs, et chacune de ses saisons l'habille d'un vêtement différent…
Vous pouvez en tenir compte au moment où vous préparez votre matériel : par exemple, pour une randonnée dans l'Atlas marocain ou au Pérou, ajoutez à votre boîte d'aquarelle les ocres les plus rares, ou bien quelques pastels gras pour rendre la matière de la terre ; de même, si vous partez au bord de la mer, complétez votre palette des bleus, ou ajoutez des encres turquoises et outremer transparentes et profondes.

Les gammes subjectives

Attention, il n'y a pas de recette idéale et il ne s'agit pas de « reproduire » la vie : il s'agit plutôt d'exprimer ce qui est venu vous toucher… Je me rappelle par exemple la violence outrée des saris des femmes par un petit matin brumeux sur les bords du Gange. Pour donner à voir cette extravagance, cette exubérance, il n'est pas nécessaire d'en chercher la vérité mais plutôt la sensation : il suffit alors de peindre quelques taches de couleur ou de coller quelques papiers colorés, des chutes de tissus ramassées chez un couturier de Bénarès.
Paul Klee, découvrant la lumière de Tunisie, écrivait à un ami qu'il ne peignait pas « ce qu'il voyait », mais plutôt le son du muezzin, l'odeur des chameaux, le parfum des épices et le moelleux des tapis…
N'hésitez pas à exagérer vos couleurs, à leur donner la force, l'intensité de votre émotion. Comme un acteur qui déclame pour être mieux entendu, haussez le ton. Créer, peindre, c'est toujours une façon subjective, personnelle, d'interpréter le réel.

Faire chanter la couleur
Le bleu intense du ciel chante avec les ocres des murs. Pour exprimer cette chaude vibration, j'ai lavé les grandes surfaces.

Les effets

Couleurs et perspective

Comment travailler les couleurs pour créer vie et profondeur ? En règle générale, les lointains sont pâles, transparents, évanescents, dans des tons bleutés, gris colorés, mauves. Au fur et à mesure que l'on avance vers les premiers plans, les pigments sont plus chargés, leurs couleurs plus chaudes et plus intenses, leur contour plus net.
N'hésitez pas à recouvrir un fond trop léger pour le tonifier. Cet effet de « glacis » par superposition des couleurs apporte de la profondeur et de la lumière : ainsi, un glacis de bleu sur jaune pour réaliser un vert est toujours plus fin que le même mélange préparé sur la palette.

Couleurs et effets de matière

La nature du papier joue ici un rôle fondamental. Faites des essais de couleur sur des papiers de qualités diverses, vous obtiendrez des résultats surprenants. Sur papier sec, la couleur à l'aquarelle est structurée et cloisonnée ; le mélange des tons se fait en posant des couches successives. Sur papier mouillé, les couleurs fusent, se rencontrent et se mélangent tout en douceur.
Certains outils permettent d'obtenir des matières rugueuses telles que murs, sols, rochers, feuillages : tapotez alors le papier avec un pinceau, une brosse, une éponge, du coton...

Enlever la couleur

On peut toujours avoir des remords et vouloir revenir sur un geste maladroit ou une couleur inopportune. Mouillez d'abord abondamment l'emplacement à retoucher, laissez l'eau s'enfoncer dans l'épaisseur du papier et épongez avec le pinceau, une brosse (plus précise) ou un coton-tige.
Surtout, rincez bien votre outil entre deux passages. Toutefois, certains papiers d'aquarelle très absorbants ne vous restitueront pas ce que vous leur avez fait boire !
Vous pouvez unifier une grande surface portant des traînées de couleur maladroites avec un chiffon ou une éponge humide.

Réserves

Le premier plan a d'abord été traité à la gomme à masquer : lorsque j'ai posé mes tons légers d'aquarelle, la couleur a été repoussée et les herbes, très graphiques, sont apparues.

Si vous frottez votre papier avec un pastel gras coloré et que vous repassez ensuite avec un jus léger d'aquarelle, vous obtenez des effets saisissants : la matière grasse du pastel repousse l'aquarelle et plus les couleurs sont tranchées, plus puissant est le résultat.
Vous pouvez aussi protéger le blanc du papier avec un matériau isolant comme la bougie (ou la gomme à masquer, à poser à la plume ou à la pointe de bois du pinceau) et repasser dessus un jus d'aquarelle : la couleur est repoussée et le blanc du papier apparaît. Une autre façon de retrouver le blanc du papier est de gratter le papier, une fois la couleur sèche.
Enfin, si vous grattez le papier pendant votre travail, la couleur posée sur ces griffures stagnera en plus grandes densités dans les creux et les déchirures, faisant apparaître de surprenants graphismes : c'est magique ! De la même façon, « poncez » la feuille avec du papier de verre à grain épais, le jus de couleur posé ensuite donnera un effet dont vous déciderez l'usage vous-même. Je vous laisse compléter cette longue liste pour incarner la matière par vos trouvailles personnelles...

FORCE DU TRAIT, DISCRÉTION DE LA COULEUR

Voici deux exemples où le dessin au bic est déterminant et la couleur en retrait : dans le premier cas, l'aquarelle met en valeur la noblesse dorée des cruches de cuivre ; dans le second, elle guide le regard à l'intérieur de l'échoppe du barbier.

Couleur et graphisme

La couleur peut être reine ou simple servante. Elle peut se contenter d'accompagner un graphisme puissant, juste pour souligner un élément ou exprimer une opposition.
Ne vous sentez pas obligé de tout colorer : laisser des espaces blancs, ou un dessin non coloré, c'est aussi une façon de donner de la respiration, de l'espace, du silence à la page : le blanc, le vide ont un sens...
Le mot voyage commence par le « v »de vitesse : allez toujours à l'essentiel : quelques coups de crayon, quelques taches de couleur et le décor est planté. Il n'est besoin que de peu pour exprimer, émouvoir et donner à voir.

Carnet de voyage...
Au milieu des plantes

Le jardin de cactées

Il est 17 heures. Il fait encore chaud mais, dans les jardins, l'ombre et les plantes dégagent une certaine fraîcheur et une atmosphère de repos. La verticalité des cactus appelle un format en hauteur que je répartis sur la double page.

Après avoir esquissé sommairement la silhouette des diverses variétés de plantes, je pose des touches de couleur sur l'ensemble de la composition en mélangeant des bleus et des jaunes différents pour obtenir des verts variés, selon les essences. Avant de poser définitivement la couleur, je fais des essais sur un bout de papier pour chercher les tons justes – certains cactus sont presque bleus – et leur répartition dans l'espace : des verts chauds à l'avant, plus lumineux, et des ombres froides, bleutées, sur les fonds.

Par couches successives, je donne du volume aux cactus et de la profondeur au fouillis de végétation superposée, en fonçant les ombres et les volumes des plantes.

Enfin, j'ajoute des ombres aux cailloux, par petites touches, pour leur donner de la rondeur et renforcer la présence du premier plan. Une fleur de bougainvillée tombée à mes pieds donnera la touche « souvenir » à la page ; je la collerai dans la masse du feuillage, en haut, après l'avoir fait sécher entre deux pages.

1

2

1. La luxuriance sèche des cactus
2. Le jeu des verticales
3. Les premiers jus
4. La densification des teintes
5. Une fleur de bougainvillée pour une touche de chaleur

Un jardin est toujours un havre de paix pour le voyageur, une pause où les bruits de la ville font place au chant des oiseaux, au gazouillis d'un ruisseau, au silence. Ici, la douceur de la lumière, les mille verts des plantes et leur présence apaisante, tout est invitation à un dialogue immobile et muet.

3

5

4

Des planches naturalistes

En me promenant dans le jardin, je découvre toutes sortes de plantes grasses. Leur exotisme me donne envie d'en faire une représentation naturaliste, sorte de plan rapproché de la page précédente. Je choisis d'en traiter une en plan détaillé, selon différents points de vue. Je la dessine vue de dessous, puis vue de dessus. Cette étude à la manière d'une planche botanique me donne l'occasion de rechercher des verts raffinés, seulement possibles à l'aide de mélanges subtils de jaunes et de bleus différents.

Je continue sur la page d'en face avec une fleur d'hibiscus dont je dessine une version en bouton et une autre épanouie – quelle finesse ! J'apporte ainsi une couleur chaude et vive à la page. Faisant écho à l'aspect foisonnant et touffu du jardin, je complète le dessin en ajoutant un caoutchouc dont les feuilles débordent de la page, montrant ainsi le côté géant et luxuriant de la plante. Cette planche botanique est ainsi à l'image du jardin, porteuse de la même richesse végétale.

1

2

1. Premières esquisses
2. et 3. Le jeu des verts
4. L'animation de la page

3

Passant à la mise en couleur, je commence par le rouge. D'abord les fleurs d'hibiscus : j'obtiens les veloutés, les nervures et le volume des pétales par couches successives de mélanges de rouges plus ou moins violacés. Puis l'aiguillon rouge vermillon de la fleur du caoutchouc, dont un rouge plus sombre évoque le volume. Je termine par les verts des feuilles, en partant du plus clair et du plus jaune des nervures pour aller vers le plus sombre des feuilles et de leurs ombres.

Carnet de voyage...

Au bord de la mer

Des rochers à l'écume

Sur cette côte, les rochers torturés et noueux déchirent la mer en une explosion d'écume. Je choisis mon cadrage en m'appuyant sur leur présence très forte sous un ciel lisse. Le mètre de menuisier qui me sert d'équerre fera un viseur sommaire mais efficace.

Je m'installe avec mon carnet, maintenant doté d'une page panoramique, sur le muret de la jetée qui me fait office de table : mon format est désormais 1,16 m de long ! À cause du manque de support solide pour mes deux pages ajoutées et aussi parce qu'il y a une très grande surface à couvrir, je préfère me lancer directement au pinceau : cela m'obligera à simplifier la matière des rochers, à rendre sa liberté à l'écume... et peut-être à trouver la spontanéité du coup de pinceau à la manière chinoise.

Il me faut une ligne d'horizon – la mer – vraiment horizontale et, comme je ne suis pas sûre de moi sur une telle longueur, j'ai recours à un vieil ami : mon mètre de menuisier que j'utilise comme une règle, en le tenant sur la tranche pour que mon pinceau glisse sur cette ligne droite sans baver, marquant mon horizon d'une belle ligne bleue.

Fidèle à la loi des deux tiers/un tiers, j'opte pour un tiers de ciel, car il est sans nuages et j'ai beaucoup plus à jouer dans les rochers... Après avoir mouillé la surface du ciel, j'étends très vite mon bleu pour gagner de la vitesse avec le séchage – vent et soleil : la combinaison idéale pour un séchage trop rapide !

1. L'immensité de l'océan
2. Le cadrage
3. La ligne d'horizon
4. Le ciel
5. Les rochers : les réserves à la bougie
6. Les rochers : le graphisme de l'éponge

Se trouver face à l'infini de l'océan, c'est toujours faire l'expérience de la plénitude. L'immensité fascinante de l'horizon élargit le regard et l'être. Ça respire ! J'ai envie de traduire cette vastitude en ajoutant de la largeur à ma page. Je vais soustraire une double-page au milieu du carnet et la scotcher à l'extrémité de la page de droite avec du papier kraft blanc adhésif.

3

4

5

6

Mes deux pages supplémentaires sont en contact direct avec le muret. Et si je prenais l'empreinte de la matière de la pierre pour traduire l'aspect déchiqueté des rochers ?

Je frotte sur mes avant-plans, sans recherche de précision, une bougie et des pastels gras de couleurs sombres, puis j'y passe un jus de couleur aquarellée qui fera apparaître ces matières rugueuses. De même, pour représenter l'écume, je frotte avec une bougie et un pastel gras blanc les contours des rochers où elle explose, les crêtes des vagues immobilisées ici ou là. Il est temps ensuite de passer les jus bleus et verts nuancés de la mer où l'écume se détache.

J'anime la monotonie des deux couleurs dominantes – bleu et brun – en ajoutant, sous forme de taches sombres ou colorées, les silhouettes des pêcheurs et des promeneurs juchés sur les rochers.

Avec une éponge en guise de pinceau, j'applique en tapotant la couleur préparée sur ma palette, cherchant à figurer ainsi certains rochers et le sable. Pour rendre le volume et les parties ombrées des rochers, je repasse avec des teintes sombres et froides.

LE PREMIER PLAN ET LES FINITIONS

C'est en faisant rouler mon pinceau à plat sur la feuille que je rends les rochers du premier plan. Il y a tellement de matières différentes à représenter et une telle surface qu'il ne faut pas hésiter à oser du nouveau et à utiliser un gros pinceau pour agir vite et sur toute la longueur ! Un peu de gouache blanche accentuera la puissance de l'écume.

Les taches blanches des mouettes se détachant sur les roches sombres apparaîtront grâce à une minuscule touche de gouache du bout du pinceau.

Décidément, ce format inhabituel est une bonne expérience car il oblige à prendre certains risques...

7. Le premier plan : le pinceau à plat sur la feuille
8. Les rehauts à la gouache

Carnet de voyage...

Dans la montagne

Vers les sommets

Avant d'arriver à l'heure chaude où la lumière est blanche et les ombres inexistantes, je m'arrête devant un paysage verdoyant où se mêlent les verts subtils de multiples essences d'arbres. Les jeux d'ombres et les différents affleurements de terres ocrées offrent une belle complémentarité à ces verts. Perdue dans l'immensité de ce panorama, je m'aide d'un viseur pour cadrer mon aquarelle. Pour ne pas m'égarer dans la profusion des détails et pour capter la fugacité de cet instant magique, je me lance directement au pinceau. Je trace une pâle esquisse du profil des montagnes avant de poser le bleu de mon ciel : je commence par mouiller cette surface pour que le bleu se diffuse avec profondeur et naturel. Je balaye de jus colorés les endroits où la terre affleure.

Puis, pendant que la peinture sèche, je me prépare un nuancier de verts : bleutés et froids pour le fond du paysage, plus chauds pour les arbres au premier plan. Pour exprimer la densité de la forêt, je travaille par touches rythmées, chaque trace de mon pinceau donnant naissance à un arbre. Progressivement, j'intensifie les différents plans, ajoutant ici l'ombre et là des touches plus sèches, qui donneront plus de présence et de volume aux premiers plans.

1. Le choix du cadrage
2. Le travail direct au pinceau
3. La forêt de pins
4. Les premiers tons
5. La densification des premiers plans

En montagne, l'air est tellement pur que les couleurs y ont un éclat particulier. On y trouve des camaïeux extraordinaires ; le minéral et le végétal y font compétition de couleurs et de matières. C'est l'occasion aussi de sentir comment la couleur s'inscrit dans l'espace : les premiers plans sont souvent plus durs et plus chauds quand les arrière-plans sont froids et évanescents.

3

4

5

Les neiges éternelles

L'heure tourne. Au détour du chemin, le paysage se métamorphose et des sommets enneigés surgissent soudain dans la lumière crue de midi. Le choc est tel que je m'arrête pour capter le contraste du bleu intense du ciel avec le blanc glacé des neiges. Pour donner de la force à mon émotion, je choisis un fond de papier bleu sur lequel je vais jouer avec la pâte épaisse de la gouache blanche. Les ombres se traduiront en creux à l'aquarelle.

1. Le choix de l'emplacement
2. La mise en place au crayon
3. La mise à la couleur

PRÈS DU TORRENT

Lieu idéal pour une pause déjeuner : au creux d'un vallon, un torrent chante gaiement en roulant l'écume de son eau claire sur des galets multicolores. Un vieux pont de bois sert de passerelle au village voisin. C'est sur ce coup de cœur que je choisis un crayon Conté brun chaud pour faire ma mise en place en restant fidèle aux couleurs du pont et des rochers. Pour rendre cette atmosphère, je joue sur deux cadrages différents : une petite vue verticale pour évoquer l'encaissement du vallon et une vue horizontale pour le pont et son torrent.
Ici se rencontrent deux univers : le minéral des rochers et des galets et les verts ombrés du vallon. J'en profite pour simplifier ma palette : je n'utiliserai que deux camaïeux, ocre pour le minéral et vert bleuté pour le végétal.

1. À droite, à gauche
2. Le dessin
3. L'eau du torrent
4. Les réserves à la bougie

coquillages
plantes séchées
boutons et agraphes anciennes
boîte à couverture
ceinture péruvienne
Boîte à trésors récoltés tout au
long du voyage

RÉCOLTER, DÉTOURNER, COLLER

RÉCOLTER, DÉTOURNER, COLLER

Petits bouts du bout du monde… Utilisez une pochette à diapositives pour les classer au fur et à mesure que vous les récoltez.

Ici le plaisir de collecter, d'assembler, de coller a un goût d'enfance, la saveur de nos jardins secrets. Ici, il ne faut pas tant un savoir-faire qu'un œil vif et une main qui ose jouer les chiffonniers, le regard à l'affût des petits trésors négligés, de tous ces objets sans valeur, souvent voués à la destruction. Ici, l'ordinaire devient extraordinaire. Le déchet devient précieux trésor, poésie, humour.

Le collage, d'hier à aujourd'hui

Le collage est pratiqué dans la peinture depuis fort longtemps et dans de nombreux pays, mais c'est le début du XXe siècle qui nous rapproche d'un collage de récupération, de détournement, d'accumulation et d'intégration – le mouvement cubiste a ouvert la voie à des générations d'artistes colleurs.

Dans le carnet de voyages, ce jeu est beaucoup plus récent, à la suite des carnets d'artistes et de plasticiens. Aujourd'hui, le carnettiste colle avec art et animation, faisant de son carnet un musée des petits riens du bout du monde. Certains même en ont fait la matière première de leurs carnets, couvrant des pages entières d'accumulations obsessionnelles et foisonnantes.

Voici donc la partie la plus ludique et créative du carnet…

Les trésors des marchés aux puces

Je me suis promenée aux puces de Montreuil en fin de journée… Que de trésors j'ai découverts ! J'ai choisi de travailler sur le plus grand carnet existant dans le commerce (30 x 40 cm) : difficile à manipuler, mais que de place pour intégrer toutes ces merveilles surprenantes…

Récolter

Où vous verrez que l'on peut tout coller, partout, à tout moment... et qu'il suffit en fait d'un grain de fantaisie ou d'imagination.
Choisissez des éléments que vous avez du mal à dessiner ou pour l'effet particulier qu'ils vont créer : une épaisseur, une odeur, une matière.

Avant de partir

Vous pouvez coller certains éléments avant votre départ : commencez, par exemple, à coller la carte du pays ou de la région que vous allez visiter en indiquant le périple prévu. Préparez vos premières pages avec des documents collectés à l'office du tourisme ou dans des agences de voyages, de façon à réaliser quelques pages d'introduction. Très vite, vous enrichirez le carnet avec la carte d'embarquement de l'avion, le menu du vol...

Le sable du désert
Au cours d'un voyage en Égypte, j'ai directement collé sur la page du sable du désert, jouant ainsi à la fois sur un effet de matière, de relief et de couleur.

Pendant le voyage

La quête se poursuit sans fin et elle aura l'esprit de vos affinités, la touche de vos coups de cœur... Pensez à tous ces éléments de la vie quotidienne :

- les billets de banque et les pièces de monnaie ;
- les boutons et les perles ;
- les plumes d'oiseau ;
- les tickets de transport, les entrées de musée, les serviettes en papier, les factures, les cartes de restaurant ou d'hôtels, les étiquettes de bouteilles ou de boîtes de conserve... ;
- les végétaux, le sable, la terre, les épices, les pigments, les pelures de fruits ou de légumes, les sachets de thé ;
- les capsules et même les cannettes écrasées !

Et mille autres choses selon le pays visité.
La seule contrainte : limitez l'épaisseur de tous ces éléments. N'oubliez jamais qu'ils viendront prendre place entre deux pages de votre carnet !

Ces menus objets, vous les trouverez dans la rue, au restaurant, ou au cours de vos visites. Vous pouvez aussi « fouiner » du côté des commerçants et des artisans, véritables mines de trésors : chez les couturiers, par exemple, vous trouverez des chutes de tissus, des brocards, des broderies... à coller, ou, pourquoi pas, à coudre directement dans votre carnet. Le cordonnier vous donnera des chutes de cuir ; l'épicier, des étiquettes et des épices ; le potier, de l'argile.

Graines et épices
Vous avez peur de dessiner ? Vous hésitez à vous lancer ? Et bien collez : évoquez l'exubérance de ces marchés africains en remplissant vos dessins de paniers avec des graines et des épices odorantes. Quand le carnet de voyage joue sur tous nos sens...

Les collages dans la page

Organiser les éléments collectés dans l'espace

Il n'y a pas de règle pour faire un collage équilibré. Certains aiment accumuler, recouvrir, saturer… D'autres préfèrent aérer les éléments.
De même, on peut d'abord coller et ensuite peindre, ou inversement :

- Si vous commencez par coller un élément, vous pourrez ensuite jouer à le prolonger, à l'intégrer complètement au dessin : une photographie peut ainsi constituer un point de départ à la page si vous recréez autour d'elle tout un environnement : poursuivez-la, détournez-la, recouvrez-la de peinture… le but est de la fondre à votre page et de jouer sur le trompe-l'œil.
- Si vous commencez par préparer la page en imaginant un fond, ou en dessinant certains éléments, votre collage aura tendance à se détacher, il sera plus facilement mis en valeur… et ne racontera pas la même histoire. Votre collage peut même alors servir à transformer une page insatisfaisante, cacher un « défaut », une maladresse.

C'est souvent au retour que l'on réalise le plus facilement des collages. Vous pouvez ainsi prévoir de laisser libres certains espaces dans le carnet, et y associer au retour des photographies prises sur place, en les découpant, les détournant, les prolongeant (en imaginer la suite).

Tissus

Une vieille marchande de sarongs m'a gentiment donné quelques échantillons de tissus que j'ai aussitôt intégrés à ma page, jouant ainsi sur un bel effet de matières…

Fusion

Le ticket d'entrée se fond complètement à la page : j'ai commencé par le coller puis je l'ai recouvert de vert pour supprimer toute rupture avec le reste de la page. Il est même en partie caché par le dessin du singe.

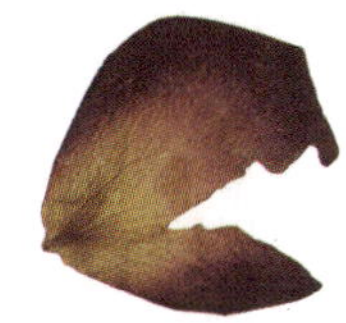

JUXTAPOSITION

Vous ne vous sentez pas habile avec les crayons et les pinceaux ? Un simple découpage et votre page s'anime... Ici, dessin et photographie ont la même valeur et se répondent au travers du texte manuscrit.

Respectez les croyances locales

Dans certains pays, comme en Asie notamment (Inde, Chine, Bali...), vous serez tenté de récupérer des objets liés à un culte : pourquoi pas, mais n'oubliez jamais que, pour les pratiquants de ces rituels, cela représente un sacrilège. Même si vous ne les partagez pas, respectez toujours les croyances des personnes que vous croisez au cours de vos voyages.

Jouer avec les contraintes

Coller, c'est jouer avec des supports et des matières. La seule contrainte : vous ne ré-interviendrez pas forcément sur tous les supports collés de la même façon : par exemple, sur un papier métallisé, l'encre accroche mal et il vaut mieux utiliser la gouache ou les pastels. De même, sur un papier journal, souvent de mauvaise qualité, évitez l'encre qui risque de baver et privilégiez des techniques sèches, crayons ou bics.
Le plus simple est de faire des essais avant de vous lancer dans le carnet, et de tester vos outils sur les supports que vous avez trouvés.
Vous pourrez ainsi jouer, par exemple, sur tous les types de papiers que vous allez croiser au cours de votre voyage : des journaux du pays avec leur calligraphie, des partitions de musique, des papyrus, des papiers de riz, des papiers froissés, à relief... Et, bien sûr, ce que vous allez imaginer de plus fou et de plus drôle ou insolite !
Vous pouvez aussi choisir d'intervenir sur un objet pré-existant : livre, passeport, journal intime...

Transparences du papier journal
Voici deux façons de jouer sur la calligraphie de journaux en langue arabe. Une fois collées, et repeintes, les calligraphies restent visibles en transparence, comme un frémissement ou une vibration sous le paysage ou les silhouettes.

Les colles

Différents types de colle peuvent être utilisés et on les trouve facilement dans la plupart des pays.

- **Super Glue (colle cyanoacrylate) pour les objets épais et lourds (couverture ou boîte) ;**
- **colle en tube genre « Scotch » ou colle à bois pour les végétaux ;**
- **colle en bâton pour les petits papiers (étiquettes, etc.) ;**
- **colle à papier peint pour les grandes surfaces et les superpositions (à préparer avant de partir et à conditionner dans un petit pot en plastique). Attention, elle met du temps à sécher !**

Les empreintes

Pendant votre voyage, pensez à prendre des empreintes sur les murs, les sols, les mosaïques, les bas-reliefs, les végétaux, etc. Posez votre papier sur l'élément dont vous souhaitez prendre l'empreinte et frottez-le avec une craie ou un crayon gras, puis passez un jus d'aquarelle d'une autre couleur afin de donner vie et relief à cette matière. Attention, les frottages se font mieux sur un support intermédiaire que vous collerez ensuite sur votre carnet : du papier assez fin, comme le papier machine. Ne vous lancez pas directement avec votre carnet.
Vous pouvez aussi utiliser un tampon encreur et faire la prise d'empreintes digitales des amis que vous vous faites en voyage... avec leur signature peut-être.

Prendre une empreinte :

Frottez un papier fin avec un pastel ou un fusain. Vous obtenez alors directement l'empreinte. Si vous le souhaitez, vous pouvez passer ensuite un jus d'aquarelle très dilué qui viendra remplir les parties encore libres. Vous pouvez aussi passer une bougie puis recouvrir la trace avec l'aquarelle.

L'empreinte d'un pavage en mosaïque

Fascinée par les superbes dallages marocains, j'ai superposé du pastel gras rouge et de l'encre diluée, et j'ai obtenu cette empreinte mystérieuse.

Carnet de voyage...

Au marché aux épices

L'échoppe

Inspiration et confort, que peut-on espérer de mieux ? Je repère une place à l'ombre, devant une boutique odorante et colorée, mais avant de m'installer, je vais saluer l'épicier, je lui explique ma démarche et lui demande s'il est d'accord pour que je dessine sa boutique.
Me voici installée. C'est parti !

Je pose un croquis rapide au crayon, sans détails – pour faire place aux collages –, puis quelques touches de couleur.
Et, sans plus attendre, je vais montrer mon carnet à l'épicier. Je lui explique que je voudrais utiliser ses produits pour colorer le dessin des monticules d'épices – moyennant une petite pièce...
Très avenant, il me propose tout un assortiment de poudres de perlimpinpin, d'herbes à l'usage mystérieux et de graines et racines qui me sont inconnues.

S'amusant de me voir coller par petites touches ces poudres épicées qui font éternuer, il se prend au jeu et me propose toutes sortes d'objets pour les soins du corps. Il m'offre aussi des emballages vides.

Je suis ravie de ses suggestions, mais voyant que tous ces trésors ne sont pas à l'échelle de ma page de carnet, je rassemble tout cela pour une autre double page de collage.

1

1. Au milieu des couleurs et des odeurs
2. La mise en place au crayon
3. Quelques touches d'aquarelle
4. Place aux épices !
5. Complicité avec l'épicier
6. La récolte

2

3

S'abandonner à la flânerie dans la médina et les souks d'une ville maghrébine est un plaisir sans nom pour l'artiste voyageur, qui ne sait où donner du regard, un peu paralysé par un tel foisonnement. Une belle surprise au détour du dédale des souks fermés : sortant du clair-obscur étroit et agité, le marché aux épices est installé autour d'une grande place ensoleillée et calme.

5

4

6

LE COLLAGE DES TRÉSORS

Avisant une autre boutique un peu plus loin, j'entre et j'achète un pochoir pour décorer les mains au henné. De retour à l'hôtel, je décide de coller tout de suite les trésors glanés pour éviter de provoquer des dégâts dans mes bagages. Je m'installe sur la terrasse pour ouvrir tous les paquets que m'a préparés mon ami.

Je colle d'abord les grandes surfaces (journaux, emballages) qui accueilleront le henné, les épices, les plantes et les menus objets. Une double page n'est pas du luxe !

Je donne une ambiance luxuriante à l'ensemble en le saturant – c'est un choix parmi d'autres. Faute de place pour coller tout le pochoir à henné – une main grandeur nature – qui est beaucoup trop grand pour le format de mon carnet, j'utilise d'abord le pouce comme pochoir, puis je le colle. Un fond de couleur à l'aquarelle donne la touche finale à cette page et relie les éléments entre eux.

Enfin, la page étant suffisamment chargée, je me contente d'écrire quelques légendes au crayon : elles viendront réveiller ma mémoire lorsque je rouvrirai ce carnet odorant dans quelques années...

1. L'achat du pochoir à henné
2. La poudre de henné
3. La recherche de l'équilibre

2

3

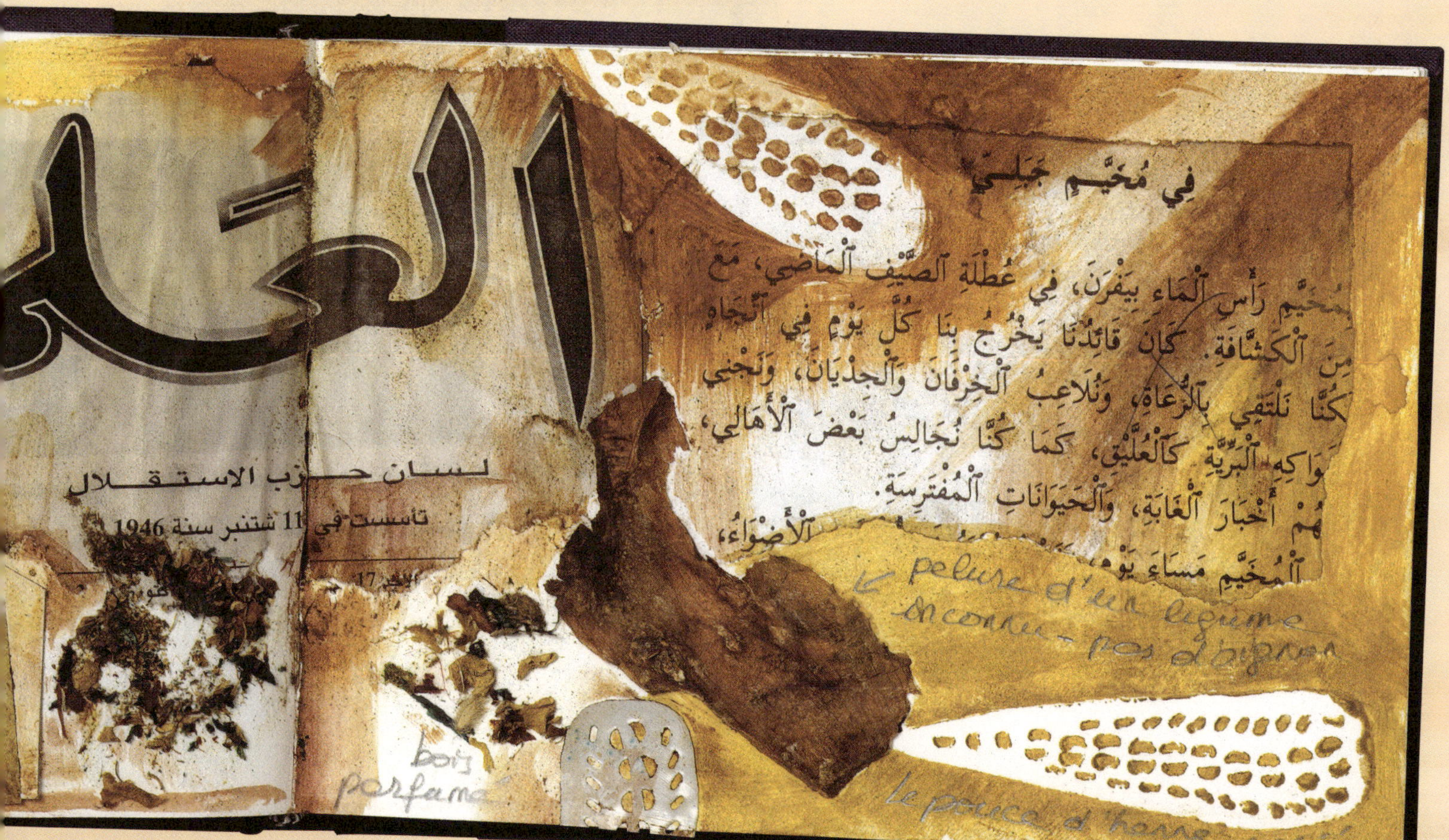
فِي مُخَيَّمٍ جَبَلِيٍّ
لسان حزب الاستقلال
تأسست في 11 شتنبر سنة 1946
pelure d'un légume inconnu - pas d'oignon
bois parfumé
le pouce d'henné

Carnet de voyage...
En Chine

Le petit autel

Je m'installe devant un petit autel un peu à l'écart de la foule. Pour nourrir l'exubérance des rouges et des ors, je travaille à partir d'un papier doré, offrande que les croyants brûlent au cours de leur rituel.

Tout naturellement, j'utilise de l'encre de Chine : je reste ainsi en harmonie avec la culture de ce pays tout en trouvant une réponse à la difficulté de dessiner sur ce support métallisé.

Après quelques touches de couleurs à l'aquarelle, mon petit autel me semble bien terne sur ce papier imperméable et je viens l'éclairer avec de la gouache blanche. Enfin, pour rééquilibrer l'espace et donner du sens à la bordure jaune, je colle un extrait de magazine chinois.

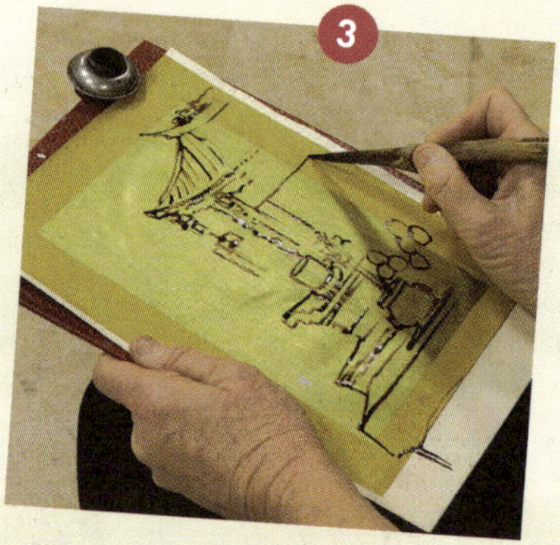

1. La préparation du support
2. L'autel
3. Le bambou, un outil pour dessiner
4. L'introduction de la couleur
5. Des blancs pour alléger
6. Le jeu des calligraphies

Attirée par l'animation et l'odeur d'encens et de papier brûlé, je découvre, au détour d'une ruelle, un petit temple. La porte est ouverte. Je me pose dans un coin et je regarde le va-et-vient des habitués ; je me laisse lentement imprégner par toute cette ambiance où se mêlent profusion des couleurs, richesse du décor et amoncellement d'offrandes.

Le Bouddha bienheureux

Au restaurant, après une bonne soupe bien épicée et un bol de riz cantonais, ce Bouddha gouailleur et à la panse bien pleine me fait clin d'œil. Voici une facette beaucoup plus... incarnée de notre ami !
Je déchire quelques papiers du temple et je les dispose autour de ma page pour donner un cadre à ce personnage croqué au bambou et rehaussé au lavis. Le serveur, amusé, s'approche :
– Il s'appelle le Bouddha Bienheureux.
– Ça lui va bien. Vous pourriez me l'écrire en chinois ?
Et le serveur retrousse ses manches, tire la langue, et me trace une timide calligraphie...

Le dessin à la plume

La consultation de l'astrologue

Je remarque un homme assis à une petite table. Des visiteurs viennent le consulter et je réalise qu'il s'agit d'un astrologue. J'ai envie de capter l'ambiance intimiste de ce dialogue. Dans l'effervescence du temple, c'est comme un arrêt sur image qui me permettra de dessiner assez facilement des personnages en situation.

Je choisis de dessiner sur un texte de prière, que j'avais pris à l'entrée du temple. J'essaie d'être la plus discrète possible, de peur de froisser la sensibilité des fidèles. Je commence par prendre l'empreinte d'un jeton de Mah-jong, qui ponctuera mon croquis à la manière d'un sceau chinois.

Je trace rapidement les silhouettes, de peur que la consultation ne s'achève et ne me prive de mes modèles. Je pose quelques taches de couleurs pour égayer la page. Le lampion coloré de rouge me sert à asseoir les personnages dans l'espace et fait écho au rouge de l'empreinte.

1

2

3

4

5

1. L'empreinte d'un jeton de Mah-jong
2. et 3. La mise en place à la plume
4. La mise en couleur : les grandes masses
5. La mise en couleur : les détails

LA COUVERTURE

Pour ce carnet, j'avais prévu une pochette rouge afin de rassembler les pages volantes de mon carnet, à la manière d'un porte-folio. J'ai pu ainsi alterner toutes sortes de papiers différents, dont ceux glanés sur place. De retour à l'hôtel, j'anime ma couverture à partir des trésors soigneusement récoltés au cours de mon voyage. Et j'utilise même la colle de riz que m'a donnée un encadreur chinois ! Un jeune étudiant m'écrit en chinois le titre de mon carnet.

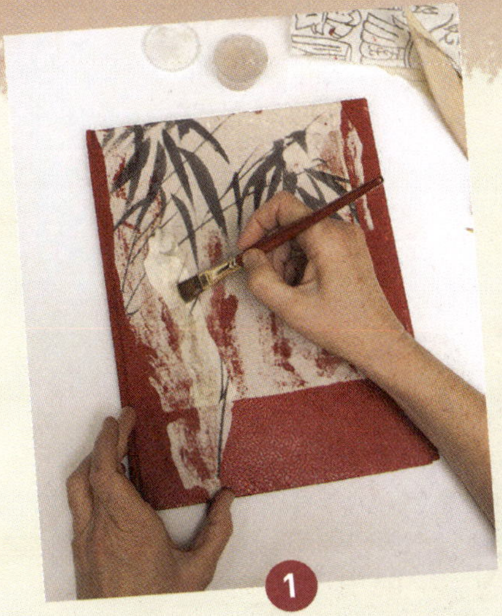

1. Le collage
2. La calligraphie

ici, on "embrasse" vraiment les icones et les textes pieux

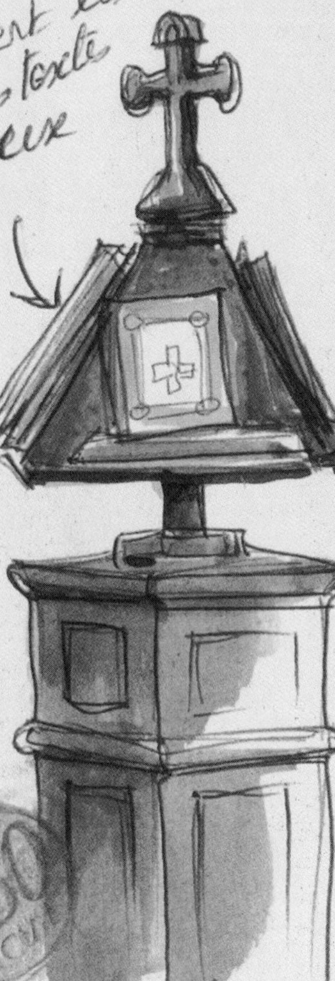

interprétation très exagérée...

το 1856. Στο Μουσείο
έχουν συγκεντρωθεί αρχαιολογικά
ευρήματα από όλη την Κρήτ
ανάμεσα στα οποία κυρίαρχη θε
κατέχουν οι θησαυροί του μινωικού,
του παλαιότερου ευρωπαϊκού
πολιτισμού, τον οποίο εδώ
μπορεί να θαυμάσει κανείς
σε όλη την ιστορική του συνέχεια.

(je vis dans ce monastère, les choses ont bien changé que de touristes!!)

cierges en vrai cire d'abeilles - odorants et dorés

la lumière de sa flamme est prière

le prix du cierge...

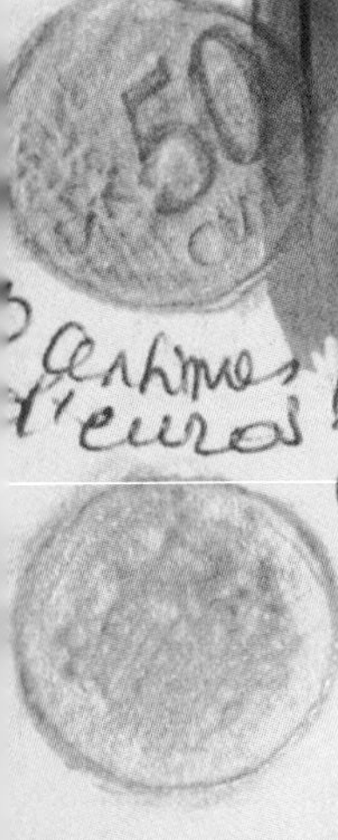

centimes d'euros!! et oui

En fait, les petites nonnes (très petites!!) des couvents de montagne ne sont pas aussi bavardes que cela...
Celle-ci va (à la rigueur) vous dire le prix des cierges dont elle garde la boutique mais ici la confiance est telle que l'on peut se servir et déposer dans un tronc tout achat dévotionnel.
De toute façon je ne comprends pas le grec... et ici, c'est surtout le silence et la prière qui font langage... universel

IERAPETRA
KALOGERI
ACHLIA
FERMA
KOUTSOUNARI
VAINIA
PETROUNIA
AMOUDARES
NEA ANATOLI
MYRTOS
NEA MYRTOS
MITHI
SIKIA
RISA
MOURNIES
Crète :
ÉCRIRE,
RACONTER
προστασία του περιβάλλοντος
Συνεργαζόμεν
ΑΡΙΑ

Écrire, raconter

Dans un carnet de voyage, écrire c'est d'abord ajouter à l'image ce qu'elle ne dit pas. C'est élargir sa poésie, y raccrocher des odeurs, des sons, mille perceptions, l'émotion que fait naître la beauté, quand la sensibilité est à fleur de peau, gonflée de sensations si fugaces que seuls les mots savent traduire.

Des mots pour rêver plus loin encore, dérouler la vie figée par l'image, la mettre en mouvement par la narration, l'anecdote qui, avec humour, fait entrer dans la page poésie et tendresse. Voyage dans le voyage, les mots bercent l'image comme dans les livres pour enfants.

...Carnets du quotidien

Marcus McAllister, Il n'est plus qu'un homme seul, *n° 27 (13 septembre 2000-16 février 2001). Cet artiste, un carnet toujours dans sa poche, travaille au continu, sans jamais revenir en arrière. Pages somptueuses où le symbolisme et le surréalisme se rencontrent autour du subtil jeu de l'écriture.*

Texte-image : une association ancienne

Au XIVe siècle avant J.-C., le *Livre des morts* égyptien est déjà le carnet de bord d'un grand voyage ! Presque un guide de voyage sur papyrus. Les idéogrammes et l'iconographie se marient, se croisent. Ces deux langages se rencontrent, avec élégance et créativité, dans les enluminures, les miniatures persanes et indiennes, les textes sacrés de nombreuses cultures et aujourd'hui la bande dessinée. On pourra donc puiser à cette source iconographique et lire des récits de grands voyageurs tels Alexandra David-Neel ou, plus proche, Nicolas Bouvier, pour trouver son style.

Se lancer : le style

Il y a autant de manières d'écrire que de dessiner. Du journal de bord plein d'anecdotes à l'haïku, petit poème japonais très court et énigmatique, l'éventail est infini. Pour vous aider à vous lancer, voici quelques propositions d'exercices ludiques. L'idéal serait de partager cette pratique avec quelques amis, en cercle d'écriture, avant votre départ. Très tonifiant pour prendre confiance en soi et découvrir des écritures variées. Et n'oubliez pas que la contrainte est créatrice !

L'écriture automatique

Il s'agit d'écrire au fil de la plume, sans réfléchir, en se laissant guider par ses émotions ou ses sensations (sons, odeurs...). La règle essentielle est d'écrire sans s'arrêter, même quand on perd l'inspiration. Quand vous bloquez, il suffit de réécrire le dernier mot ou un autre, plusieurs fois, jusqu'à ce que le train des mots se remette en mouvement. Ne vous relisez jamais en cours d'écriture. Pour prévenir l'autocensure, ne cessez jamais d'écrire, même si cela reste une série de mots, de verbes..., d'associations d'idées. L'émotion naîtra à la lecture. Je vous conseille donc des outils très simples, qui vous empêcheront d'avoir des repentirs et d'utiliser la gomme : stylos ou marqueurs, par exemple.

Répétition du début de la phrase

L'écriture automatique peut aboutir à la création d'une sorte de litanie, d'un chant.
En voici un exemple :
Djerba, c'est... le chant de la prière à midi.
Djerba, c'est... l'odeur des olives fraîches.
Djerba, c'est... la mer turquoise.
Djerba, c'est... le vent chargé d'embruns, etc.

CALLIGRAPHIE
Enluminure du VIIIe siècle illustrant Quaestiones in heptateuchon *de saint Augustin, Bibliothèque nationale de France, Paris.*
Admirez le mariage subtil de ce graphisme et de ces couleurs : inspirez-vous de ces calligraphies médiévales dans vos carnets.

Le récit

Installez-vous dans un endroit vivant et écrivez tout ce qui se passe sous vos yeux.
Par exemple, assise à la terrasse du café de France sur la place Djema-el-fna à Marrakech, je peux décrire ce que perçoit chacun de mes sens, en commençant chaque phrase par « j'entends », « je vois », « je sens », « je touche », « je goûte ».

Voici un exemple : *Un serveur m'apporte un thé à la menthe où nagent quelques pignons blancs, comme des poissons dans un trop petit bocal. La menthe dégage un délicieux parfum soudain modifié : une calèche vient de s'arrêter juste devant moi et le cheval en a profité pour déposer un crottin odorant. Au loin, la rumeur du marché, le chant du muezzin. Entre les deux, la place chauffée à blanc sous le soleil de midi...*

Le jeu avec certains styles

On peut s'amuser à imiter différents styles : journalistique, romanesque, poétique. Voici un exemple qui reprend le « Je me souviens » de Georges Perec, une technique particulièrement adaptée à un texte écrit au retour :
Je me souviens de l'odeur incomparable de l'aéroport de Bombay, mélange de détergents et de cigarettes Beedees au parfum si particulier. Je me souviens de ce trajet vers le centre-ville qui n'en finissait pas de longer des bidonvilles...

Autres techniques

Vous pouvez découper des mots dans des journaux ou des revues, conserver étiquettes et tickets. Collez-les et inventez le texte qui les accompagne.
Si ce sont des mots en calligraphie étrangère, amusez-vous à en inventer une traduction.
Pourquoi ne pas aussi parfois vous mettre dans la peau d'un habitant du pays ou d'un animal, et le faire penser dans une bulle, comme dans une bande dessinée ? N'hésitez pas non plus à reproduire, sous forme d'une conversation, un dialogue entre deux personnes.
Vous pouvez enfin raconter une journée sous forme d'un journal de bord, avec les ambiances différentes et les petites mésaventures du voyage. L'humour sera toujours bienvenu.

DESCRIPTION

J'ai profité d'une courte escale dans l'île de Paros pour commencer cette page. Faute de temps, je n'ai pas pu la terminer et je l'ai complétée plus tard par un petit texte décrivant le village et tout ce que mon dessin n'a finalement pas pu montrer.

COLLAGES

Vous hésitez à vous lancer ? Utilisez des calligraphies extraites de journaux et de magazines et collez-les sur votre page. Jouez sur la forme de vos textes et transformez-les en bulles façon bande dessinée.

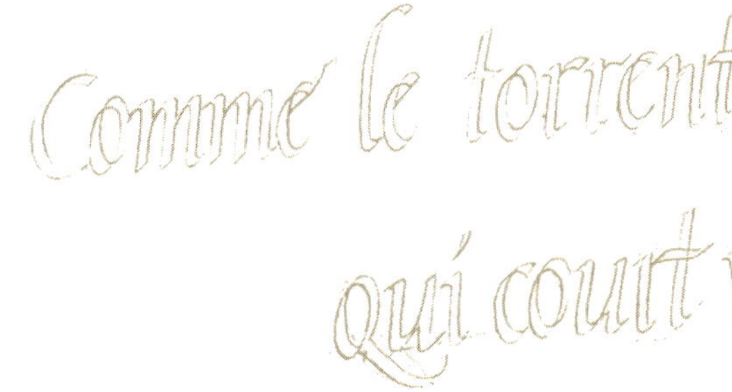

L'émotion d'une belle écriture

Muriel Lameignère a rapporté de son voyage au Népal de superbes pages où les calligraphies ont autant de valeur que les illustrations, car elles transmettent, elles aussi, une sensation, une émotion.

Calligraphies

Ici, l'écriture est un dessin, la trace une calligraphie : confusion du geste, où la main ne sait plus si elle peint ou écrit… Le carnet peut parfaitement intégrer cet art consommé de la calligraphie, s'habiller de pleins et de déliés dignes des manuscrits médiévaux : pour une couverture, le titre d'une double page ou même un simple commentaire.

Pour vous entraîner et libérer votre geste, vous pouvez utiliser des outils simples, par exemple un pinceau-brosse doux, un porte-plume avec une plume large, une plume de roseau (calame), de bambou ou de tout autre bois taillé plat (le bois de cageot marche bien). Il existe aussi des pinceaux « mousses » très agréables et, bien sûr, le classique pinceau chinois – qui demande un peu d'entraînement - et, moins bucolique, le feutre pinceau (inventé par les Japonais).

Vous pouvez aussi copier ou coller des calligraphies découpées dans des journaux du pays… et demander enfin aux habitants d'écrire quelques mots dans leur langue sur votre carnet.

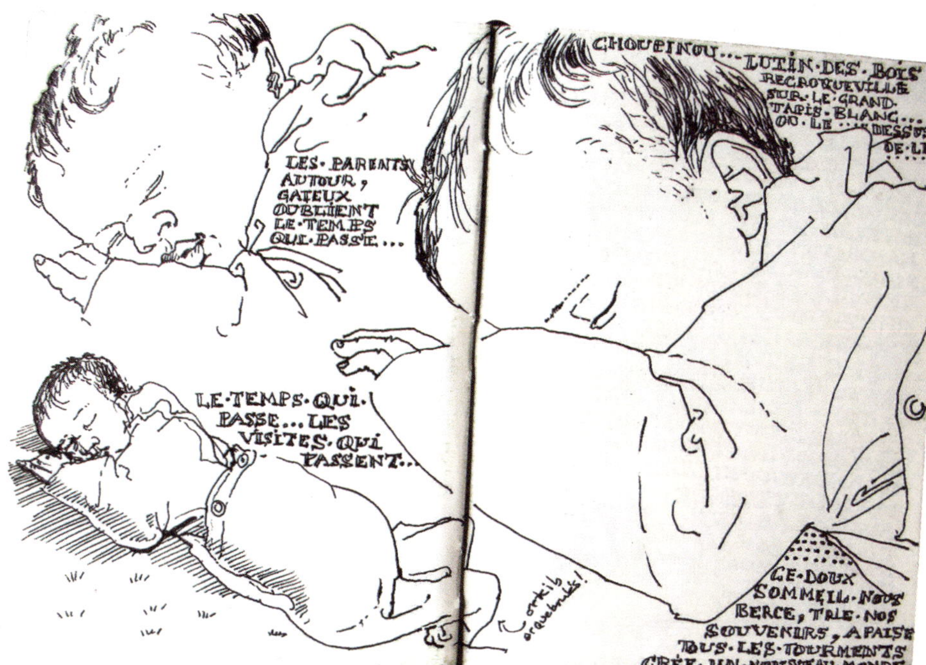

Clarté des capitales

Carnet de maternité, 2003.
Dans ce carnet dédié aux premiers mois de sa fille, Christelle Guénot écrit ses petits textes en majuscules : la douceur de cette enfant endormie dialogue ainsi avec la netteté toute droite des lettres.

Mise en pages

Comme en dessin, il s'agit ici de jouer avec le plein et le vide, l'agitation et le silence des mots. L'écriture peut accompagner l'image, s'y fondre ou s'en détacher délibérément.

Quand lettres et phrases deviennent dessins

L'écriture peut devenir dessin, comme dans les *Calligrammes* d'Apollinaire. Tracez alors très légèrement le contour d'un personnage, d'un objet, d'un paysage..., et commencez à écrire en suivant votre tracé.
Bien avant Apollinaire, certains textes arabes étaient écrits dans l'élégante épaisseur d'une calligraphie. Écrire dans la silhouette ou la masse du paysage sera plus facile et plus lisible que sur le contour, décidément trop « contorsionnant ». Dans cet esprit, on peut écrire sur une réalisation dite « ratée », sur l'aquarelle même, provoquant une saturation délibérée. La maladresse se cachera derrière l'écriture.
À l'inverse, on laissera un croquis inachevé pour faire place à l'écriture dans un équilibre des deux expressions. Évitez les pleines pages d'écriture seule et les « placards » de texte.

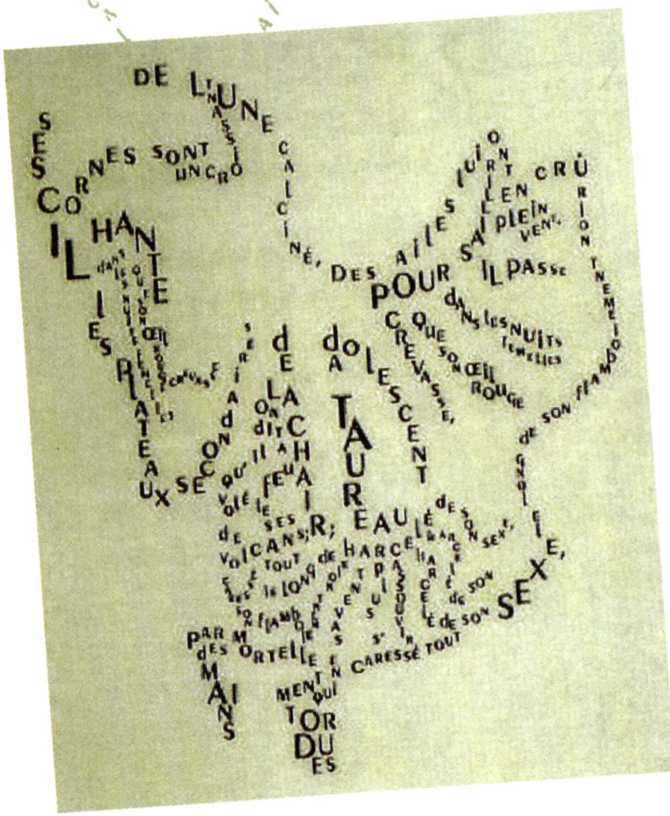

Calligrammes
Le Bestiaire fabuleux – Le taurillon ailé, *écrit par Patrice de La Tour du Pin (1911-1975), illustré par Jules Dominique Morniroli, Bibliothèque nationale de France, Paris.*
Le dessin des lettres épouse le dessin de l'animal.

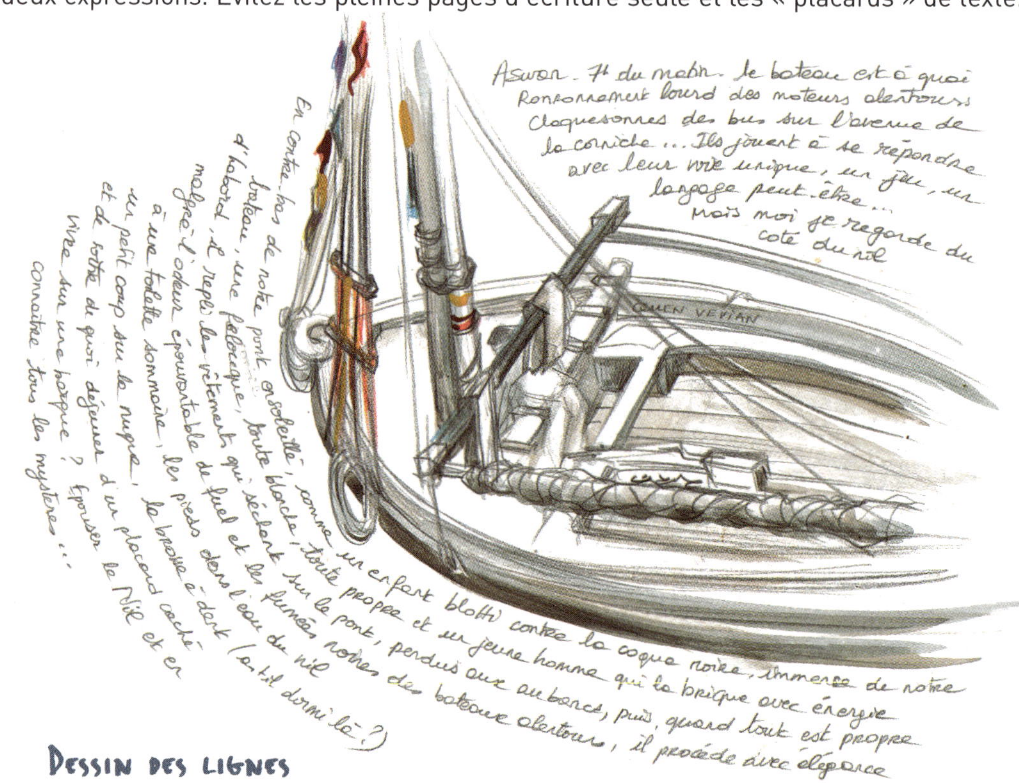

Dessin des lignes
Ce voilier ventru semble voguer tranquillement sur une mer de mots.

La typographie : un jeu graphique

Les phrases, écrites au marqueur noir viennent rehausser les dessins, les encadrer, les mettre en valeur.

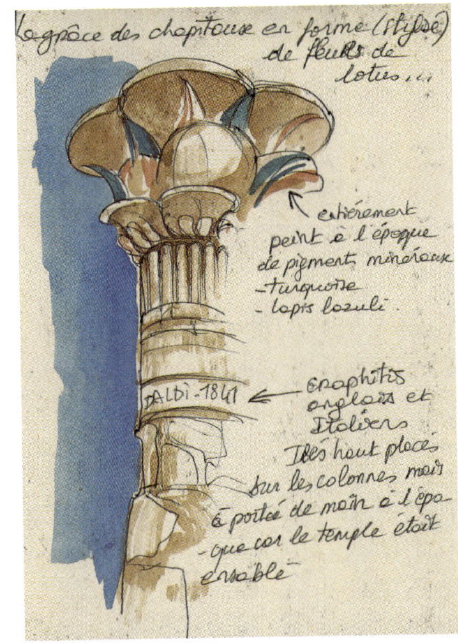

Légendes

Quelques courtes légendes accompagnent le dessin de cette colonne, apportant des précisions qui n'apparaissent pas visuellement.

Légendes ou annotations

Si le dessin manque trop de réalisme pour être compris, ou est inachevé, légendez les éléments, un peu comme une planche de botaniste. Si vous aimez mieux dessiner qu'écrire, « encadrez » la page avec une courte légende. Par exemple, indiquez juste le lieu, la date et l'heure.

Vous pouvez aussi emprunter les mots d'un autre en recopiant de beaux textes, des poèmes du pays. Lire vous donnera le goût des mots et l'envie d'écrire. L'état de « rêveur éveillé » dans lequel plonge celui qui réalise des carnets fera le reste.

Façon bande dessinée

Quelques cases pour raconter une histoire... En haut, le temple, en bas, les éléphants sacrés qui l'habitent et se racontent.

J'ai entrouvert la porte...
À vous de pénétrer dans ce monde...

Crédits photographiques : p. 5 Ph. Coll. Archives Larbor • p. 6 ht © British Library / AKG • p. 6 bas g © Erich Lessing / AKG • p. 6 bas d © Gérard Blot / RMN • p. 7 g Ph. Coll. Archives Larbor p. 7 m © Jean-Gilles Berizzi / RMN • p. 7 d Ph. © by herederos de Federico Garcia Lorca - DR • p. 8 © Extrait du *Carnet de Voyage* de Titouan Lamazou paru aux Éditions Gallimard, 1998 p. 27 © Gilles Mermet / AKG • p. 91 Ph. Coll. Archives Larbor • p. 94 Ph. Coll. Archives Larbor - DR

N° de projet : 11003572 - 720095/02
Achevé d'imprimer en France sur les presses de l'imprimerie Clerc s.a.s. à Saint-Amand-Montrond en mars 2006.
Relié en France par Brun s.a.